Dr. Oetker

Backwahn

Dr. Oetker
Backwahn

Dr. Oetker Verlag

Vorwort

Jetzt greift der Backwahn um sich!

Zum Studieren braucht man Abitur – zum Backen nicht, denn diese Rezepte kriegt jede(r) gebacken.

Die Backwahn-Rezepte sind einfach und gut erklärt und dabei super-lecker. Damit kann man nicht nur Mutti beeindrucken, sondern auch schnelle Partyhits zaubern.

Mit wenigen Zutaten und in kurzer Zeit lassen sich ohne großen Aufwand süße und auch herzhafte Überraschungen backen, die garantiert immer für Stimmung sorgen.

Jetzt steht Leckeres auf dem Studienplan: Fanta Schnitten, Beeren-Tassenkuchen, Popcorn-Torte und Tomaten-Mozzarella-Muffins sorgen für Spaß beim Zubereiten und Vernaschen.

Aber Vorsicht: Backen macht süchtig!

Alle Rezepte sind von Dr. Oetker getestet und so beschrieben, dass sie sicher gelingen.

Ratgeber

Vorrat und Küchenausstattung

Allgemeine Hinweise zu den Rezepten

Wir empfehlen, vor der Zubereitung – besser noch vor dem Einkaufen – das Rezept einmal vollständig durchzulesen. Oft werden Arbeitsabläufe oder -zusammenhänge dann klarer.

Zutatenliste

Die Zutaten sind in der Reihenfolge ihrer Verarbeitung aufgeführt.

Nährwerte

Die Nährwerte beziehen sich immer auf das gesamte Rezept.

Arbeitsschritte

Die Arbeitsschritte sind einzeln hervorgehoben, in der Reihenfolge, in der wir sie ausprobiert haben.

Symbole

 **= kein Handrührgerät nötig**

 **= keine Waage nötig**

 **= kein Backofen nötig**

Abkürzungen:

EL	= Esslöffel
TL	= Teelöffel
Msp.	= Messerspitze
Pck.	= Packung/ Päckchen
g	= Gramm
kg	= Kilogramm
ml	= Milliliter
l	= Liter
evtl.	= eventuell
geh.	= gehäuft
gestr.	= gestrichen
TK	= Tiefkühlprodukt
°C	= Grad Celsius
ø	= Durchmesser
E	= Eiweiß
F	= Fett
Kh	= Kohlenhydrate
kJ	= Kilojoule
kcal	= Kilokalorien
BE	= Broteinheiten

Backofeneinstellung

Die in den Rezepten angegebenen Backtemperaturen und -zeiten sind Richtwerte, die je nach individueller Hitzeleistung des Backofens über- oder unterschritten werden können.

Deshalb bitte bei der Einstellung des Backofens die Gebrauchsanweisung des Herstellers beachten und nach Beendigung der angegebenen Backzeit eine Garprobe machen. Dazu ein Holzstäbchen an der dicksten Stelle des Kuchens einstechen. Klebt kein Teig mehr daran, ist der Kuchen fertig.

Die Temperaturangaben in diesem Buch beziehen sich auf Elektrobacköfen. Die Temperatureinstellungsmöglichkeiten für Gasbacköfen variieren je nach Hersteller, sodass wir keine allgemeingültigen Angaben machen können.

Backbleche bzw. -roste werden im Allgemeinen in der Mitte des Backofens eingeschoben, tiefe Formen wie Napfkuchenform, Springform und Kastenform in der Regel im unteren Drittel des Backofens.

Zubereitungszeit

Die Zubereitungszeit beinhaltet nur die Zeit für die eigentliche Zubereitung. Längere Wartezeiten wie z. B. Kühlzeiten sind nicht mit einbezogen.

Die Backzeiten sind ebenfalls im Rezept angegeben.

Küchenausstattung:

Backofen

Für die meisten Rezepte benötigt man einen Backofen. Grundausstattung jedes Backofens ist ein Rost, der in verschiedenen Höhen des Backofens eingeschoben werden kann. Es gibt aber auch kalte Torten (Kapitel 5) oder Sweets (Kapitel 6), für die man keinen Backofen benötigt.

Formen

Folgende Formen werden in den Rezepten verwendet:

- Springform (Ø 26 cm)
- Kastenform (25 x 11 cm)
- Gugelhupf- oder Napfkuchenform (Ø 22 oder 24 cm)
- Muffinform für 12 Muffins
- Backblech (30 x 40 cm)

Die Formen werden je nach Rezept mit Butter oder Margarine gefettet, evtl. auch gemehlt (mit Mehl bestäubt) oder mit Backpapier belegt.

Weitere Utensilien

- Handrührgerät mit Rührbesen und Knethaken
- Küchenwaage
- Rührschüsseln (eine große und eine kleine mit hohem Rand), für Schüttelteige ist evtl. eine Schüssel mit Deckel nötig
- 1–2 Schälchen aus Porzellan oder Keramik
- Litermaß
- Schneebesen
- Teigrolle (eine Flasche mit zylindrischer Form geht auch)
- kleiner Topf
- Pfanne
- Schneidbrett
- Küchenmesser
- Backpinsel
- Dosenöffner
- großes und kleines Sieb
- Esslöffel, Teelöffel
- evtl. Teigschaber oder Teigkarte
- evtl. Zitronenpresse
- Kuchenrost zum Auskühlen des Gebäcks (oder den Rost aus dem Backofen verwenden)
- Tortenplatte (großes rundes Brett oder Pizzateller geht auch)
- Schere
- Küchenpapier
- kleine Gefrierbeutel
- Backpapier
- Geschirrtücher

Vorrat

Die Grundausstattung an Lebensmitteln zum Backen kommt dem Studenten entgegen – sie ist gering. Weitere Lebensmittel müssen je nach Rezept zusätzlich eingekauft werden. Da ja meist nicht so oft gebacken wie gekocht wird, lohnt es sich nicht, einen größeren Vorrat an Lebensmitteln anzuschaffen – sie werden sonst nur schlecht.

- Mehl (Type 405)
- Zucker
- Butter oder Backmargarine
- Eier (Größe M)
- Backpulver
- Vanillin-Zucker
- Bourbon-Vanille-Zucker
- Salz
- Speiseöl (neutrales Öl, z. B. Sonnenblumen- oder Rapsöl)

Fanta Schnitten mit Pfirsichschmand*

Für die Party

Zubereitungszeit:
30 Minuten, ohne Abkühlzeit
Backzeit: etwa 25 Minuten

Zubereitung:

1. Ein Backblech (30 x 40 cm) fetten. Den Backofen vorheizen.
Ober-/Unterhitze: etwa 180 °C
Heißluft: etwa 160 °C

2. Für den Teig Eier, Zucker und Vanillin-Zucker in eine Rührschüssel geben und mit Handrührgerät mit Rührbesen auf höchster Stufe schaumig schlagen. Öl und Limonade unterrühren.

3. Mehl mit Backpulver mischen und unterrühren. Den Teig auf das Backblech geben und verstreichen. Das Backblech auf mittlerer Einschubleiste in den vorgeheizten Backofen schieben und den Boden **etwa 25 Minuten backen.**

4. Den Kuchen auf dem Backblech auf einen Kuchenrost stellen und erkalten lassen.

5. Für den Belag Pfirsiche in einem Sieb abtropfen lassen und in kleine Stücke schneiden. Sahne mit Sahnesteif und Vanillin-Zucker steif schlagen.

6. Schmand mit Vanillin-Zucker verrühren. Pfirsichstücke unter den Schmand heben und die Sahne locker unterheben. Die Masse gleichmäßig auf dem Kuchen verteilen und verstreichen.

7. Zucker mit Zimt mischen und die Creme damit bestreuen. Kuchen bis zum Servieren kalt stellen.

Tipps:

Einen Teil der Pfirsiche in Spalten schneiden und auf den Kuchen legen.
Anstelle der Pfirsiche 4 Dosen Mandarinen (je 175 g) verwenden.
Der Schmand kann auch durch Crème fraîche ersetzt werden.

Variante:

Für **schnelle Fanta Schnitten mit Guss** den Teig wie beschrieben, aber zusätzlich mit 1 Päckchen Finesse Orangenschalen-Aroma zubereiten und backen. Gebäckboden erkalten lassen. Für den Guss 250 g Puderzucker mit 3–4 Esslöffeln Fanta Orange nach und nach verrühren, auf dem abgekühlten Kuchen verteilen und verstreichen. Wer es bunt mag, streut zusätzlich 25 g gehackte Pistazienkerne oder Raspelschokolade auf den feuchten Guss.

*Rezept nicht durch Coca-Cola autorisiert.

Zutaten:

Für den Teig:
4 Eier (Größe M)
250 g Zucker
1 Pck. Dr. Oetker Vanillin-Zucker
125 ml (⅛ l) Speiseöl,
z. B. Sonnenblumenöl
150 ml Fanta Orange (Limonade)
250 g Weizenmehl
3 gestr. TL Dr. Oetker Backin

Für den Belag:
2 Dosen Pfirsichhälften
(Abtropfgewicht je 480 g)
600 g Schlagsahne
3 Pck. Dr. Oetker Sahnesteif
3 Pck. Dr. Oetker Vanillin-Zucker
500 g Schmand (Sauerrahm)
2 Pck. Dr. Oetker Vanillin-Zucker

Zum Bestreuen:
2 EL Zucker
1 gestr. TL gemahlener Zimt

E: 86 g, F: 466 g, Kh: 752 g,
kJ: 31909, kcal: 7618, BE: 62,5

Apfelmus-Streuselkuchen

Ganz einfach

Zubereitungszeit: 30 Minuten

Backzeit: etwa 50 Minuten

Zubereitung:

1. Ein Backblech (30 x 40 cm) fetten. Den Backofen vorheizen.
Ober-/Unterhitze: etwa 180 °C
Heißluft: etwa 160 °C

2. Für den Teig Mehl mit Backpulver in einer Rührschüssel mischen. Zucker, Vanillin-Zucker, Zimt, Ei und Butter oder Margarine hinzufügen. Die Zutaten mit Handrührgerät mit Rührbesen erst kurz auf niedrigster, dann auf höchster Stufe zu feinen Streuseln verarbeiten.

3. Gut die Hälfte der Streusel auf das Backblech geben und zu einem Boden andrücken.

4. Für die Füllung Apfelmus auf dem Teig verteilen und verstreichen. Rosinen daraufstreuen und etwas eindrücken. Restliche Streusel daraufstreuen. Das Backblech auf mittlerer Einschubleiste in den vorgeheizten Backofen schieben und den Kuchen **etwa 50 Minuten backen.**

5. Das Backblech auf einen Kuchenrost stellen. Den Kuchen darauf erkalten lassen und dann in Stücke schneiden.

Zutaten:

Für den Streuselteig:
500 g Weizenmehl
3 gestr. TL Dr. Oetker Backin
200 g Zucker
1 Pck. Dr. Oetker Vanillin-Zucker
1 gestr. TL gemahlener Zimt
1 Ei (Größe M)
250 g weiche Butter oder Margarine

Für die Füllung:
3 Gläser Apfelmus (Einwaage je 370 g)
100 g Rosinen

E: 61 g, F: 231 g, Kh: 820 g, kJ: 23760, kcal: 5675, BE: 68,5

Tipps:

Zum Rühren eine hohe Schüssel verwenden oder den Rand locker mit Küchenpapier bedecken, damit die Streusel nicht aus der Schüssel springen. Statt Apfelmus kann man Apfelkompott verwenden. Die Rosinen können ersatzlos weggelassen werden.

Zutaten:

Für den All-in-Teig:
200 g Zartbitter-Schokolade
200 g Walnusskerne
1 Glas Sauerkirschen
(Abtropfgewicht 350 g)
450 g Weizenmehl
40 g Kakaopulver
4 gestr. TL Dr. Oetker Backin
200 g brauner Zucker
150 g Zucker
1 Pck. Dr. Oetker Bourbon-Vanille-Zucker
½ gestr. TL Salz
6 Eier (Größe M)
400 ml Speiseöl, z. B. Rapsöl
100 g Schlagsahne
100 g gehackte Mandeln

Für den Guss:
200 g Zartbitter-Schokolade
100 g Schlagsahne

E: 177 g, F: 820 g, Kh: 949 g,
kJ: 49648, kcal: 11858, BE: 79,0

Variante:

Für **klassische Blitz-Brownies** anstelle von Walnusskernen und Zartbitter-Schokolade einfach 200 g gehackte Haselnusskerne und 2 Päckchen (je 75 g) Schokotröpfchen verwenden und die Kirschen ersatzlos weglassen.
Anstelle des Schokogusses einfach 50 g weiße Schokolade mit 1 Teelöffel Speiseöl wie im Rezept schmelzen lassen. Guss in einen kleinen Gefrierbeutel füllen, eine kleine Ecke abschneiden und den Guss über die Brownies sprenkeln.

Kirsch-Brownies

Der Party-Klassiker

Zubereitungszeit: 40 Minuten, ohne Kühlzeit
Backzeit: etwa 25 Minuten

Zubereitung:

1. Ein Backblech (30 x 40 cm) fetten und mit Backpapier belegen. Für den Teig Schokolade und Walnusskerne hacken. Kirschen in einem Sieb abtropfen lassen. Den Backofen vorheizen.
Ober-/Unterhitze: etwa 180 °C
Heißluft: etwa 160 °C

2. Mehl mit Kakao und Backpulver in einer Rührschüssel mischen. Braunen Zucker, Zucker, Vanille-Zucker, Salz, Eier, Öl und Sahne hinzufügen. Die Zutaten mit Handrührgerät mit Rührbesen zunächst kurz auf niedrigster, dann auf höchster Stufe in etwa 1 Minute zu einem glatten Teig verarbeiten. Walnusskerne, Mandeln, Schokoladenstückchen und Sauerkirschen kurz unterrühren.

3. Den Teig auf dem Backblech verteilen und glatt streichen. Das Backblech auf mittlerer Einschubleiste in den vorgeheizten Backofen schieben und den Kuchen **etwa 25 Minuten backen.**

4. Das Backblech auf einen Kuchenrost stellen und das Gebäck darauf erkalten lassen.

5. Für den Guss Schokolade in kleine Stücke brechen und mit Sahne in einem kleinen Topf im Wasserbad bei schwacher Hitze unter Rühren schmelzen lassen. So lange rühren, bis eine geschmeidige Masse entstanden ist.

6. Den Guss mit einem Teigschaber oder einem Löffel auf dem Kuchen verteilen und fest werden lassen. Dann den Kuchen in Würfel (etwa 6 x 6 cm) schneiden.

Tipp:

Klappt auch mit Vanillin-Zucker statt Bourbon-Vanille-Zucker.

Beliebt

Fress-mich-dumm-Kuchen

Zubereitungszeit: 35 Minuten
Backzeit: 15–20 Minuten

Zutaten:

Für den Knetteig:
250 g Weizenmehl
3 gestr. TL Dr. Oetker Backin
100 g Zucker
1 Prise Salz
3 Tropfen Bittermandel-Aroma (aus dem klassischen Röhrchen)
1 Ei (Größe M)
150 g Butter oder Margarine

Für die Creme:
½ Pck. Dr. Oetker Pudding-Pulver Vanille-Geschmack
50 g Zucker
250 ml (¼ l) Milch
125 g Butter
25 g Kokosfett (z. B. Palmin)

Für den Belag:
125 g Butter
250 g grob gehackte Walnusskerne
100 g Zucker
50 g Zartbitter-Kuvertüre oder -Schokolade

E: 81 g, F: 556 g, Kh: 510 g, kJ: 30867, kcal: 7375, BE: 42,5

Zubereitung:

1. Ein Backblech fetten. Den Backofen vorheizen.
Ober-/Unterhitze: etwa 200 °C
Heißluft: etwa 180 °C

2. Für den Teig Mehl mit Backpulver in einer Rührschüssel mischen. Zucker, Salz, Aroma, Ei und Butter oder Margarine hinzufügen. Die Zutaten mit Handrührgerät mit Knethaken zunächst kurz auf niedrigster, dann auf höchster Stufe gut durcharbeiten.

3. Anschließend den Teig auf der leicht bemehlten Arbeitsfläche kurz zu einer Rolle verkneten. Den Teig auf dem Backblech etwa ½ cm dick zu einer Platte (30 x 30 cm) ausrollen und mehrmals mit einer Gabel einstechen. Das Backblech auf mittlerer Einschubleiste in den vorgeheizten Backofen schieben und den Boden **15–20 Minuten backen.**

4. Den Boden anschließend auf dem Backblech auf einem Kuchenrost erkalten lassen.

5. Für die Creme inzwischen aus Pudding-Pulver, Zucker und Milch nach Packungsanleitung einen Pudding zubereiten und unter gelegentlichem Rühren abkühlen lassen (nicht kalt stellen).

6. Butter mit Kokosfett zerlassen und etwas abkühlen lassen. Dann das flüssige Fett zu dem Pudding geben, gut verrühren und die Creme gleichmäßig auf dem erkalteten Boden verstreichen.

7. Für den Belag Butter in einer Pfanne zerlassen und Walnusskerne und Zucker darin rösten. Die Mischung noch warm auf der Creme verteilen. Kuvertüre oder Schokolade in kleine Stücke hacken, in einem kleinen Topf im Wasserbad bei schwacher Hitze unter Rühren schmelzen und mit einem kleinen Löffel über den Kuchen sprenkeln.

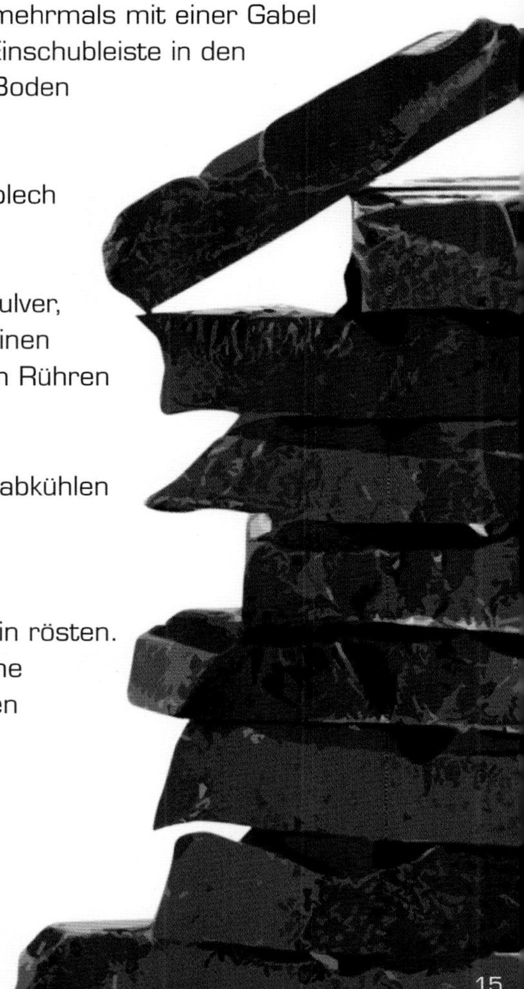

Tipps:

Der Kuchen schmeckt richtig gut, wenn er einen Tag zugedeckt durchziehen durfte.
Der Kuchen ist auch lecker mit Gala Karamell-Pudding-Pulver, dann anstelle von Walnusskernen gehackte Mandeln verwenden.

Simpel Beeren-Tassenkuchen

(1 Tasse = etwa 150 ml)
Zubereitungszeit: 25 Minuten, ohne Auftauzeit
Backzeit: 20–25 Minuten

Zutaten:

Zum Vorbereiten:
1 Beutel (750 g) gemischte TK-Beeren

Für den All-in-Teig:
2 Tassen (je 100 g) Weizenmehl
3 gestr. TL Dr. Oetker Backin
1 Pck. Dr. Oetker Pudding-Pulver Vanille-Geschmack
1 Tasse (150 g) Zucker
4 Eier (Größe M)
1 Tasse (150 ml) Speiseöl, z. B. Sonnenblumenöl
7–8 EL Wasser

Für den Belag:
1 Becher (200–250 g) Beerenjoghurt (Waldfrucht oder Himbeere)
3 Becher (je 200 g) Schlagsahne
1 EL Zucker
2 Pck. Dr. Oetker Sahnesteif

Für den Guss:
375 ml (3/8 l) roter Saft oder Nektar (z. B. Kirschsaft, Johannisbeernektar)
1 Pck. Galetta Vanille-Geschmack (Pudding-Dessertpulver ohne Kochen)

E: 78 g, F: 383 g, Kh: 561 g,
kJ: 25606, kcal: 6111, BE: 47,0

Zubereitung:

1. Zum Vorbereiten die Beeren auftauen und abtropfen lassen. Anschließend ein Backblech (30 x 40 cm) fetten und mehlen. Den Backofen vorheizen.
Ober-/Unterhitze: etwa 180 °C
Heißluft: etwa 160 °C

2. Für den Teig die Zutaten mit einer Tasse (150 ml) abmessen. Mehl mit Backpulver und Pudding-Pulver in einer Schüssel mischen. Restliche Zutaten dazugeben und mit Handrührgerät mit Rührbesen erst kurz auf niedrigster, dann auf höchster Stufe in 2 Minuten zu einem glatten Teig verrühren. Teig auf dem Backblech verteilen und verstreichen. Das Backblech auf mittlerer Einschubleiste in den vorgeheizten Backofen schieben und den Boden **20–25 Minuten backen.**

3. Das Backblech auf einen Kuchenrost stellen und den Gebäckboden darauf erkalten lassen.

4. Für den Belag Fruchtjoghurt verrühren und dünn auf dem Gebäckboden verstreichen. Die aufgetauten, abgetropften TK-Beeren gleichmäßig auf dem Kuchen verteilen. Sahne mit Zucker und Sahnesteif steif schlagen, auf den Beeren verteilen und verstreichen.

5. Für den Guss 375 ml (3/8 l) Saft oder Nektar abmessen und mit dem Pudding-Dessertpulver nach Packungsanleitung verrühren. Den Guss gleichmäßig auf der Sahnefläche verteilen und mit einer Teigkarte oder einem Löffel verstreichen. Den Kuchen bis zum Servieren kalt stellen.

Tipps:

Die Beeren zum Auftauen einfach auf einer Doppelschicht Küchenpapier verteilen – so wird austretender Saft gleich aufgesaugt. Am besten schmeckt der Kuchen, wenn er am Vortag zubereitet wurde.

Variante:

Für einen **Pfirsich-Tassenkuchen** anstelle von Beerenjoghurt Pfirsichjoghurt verwenden. Anstelle von 750 g TK-Beeren je 1 große Dose (Abtropfgewicht 480 g) und 1 kleine Dose (Abtropfgewicht 240 g) Pfirsichhälften verwenden. Pfirsiche abtropfen lassen, den Saft dabei auffangen und 400 ml davon für den Guss verwenden. Pfirsiche in Würfel oder Spalten schneiden.

Zubereitungszeit: 20 Minuten
Backzeit: etwa 25 Minuten

Schnell Wachschüttelkuchen

Zubereitung:

1. Ein Backblech (30 x 40 cm) fetten. Für den Teig Butter zerlassen und abkühlen lassen. Den Backofen vorheizen.
Ober-/Unterhitze: etwa 180 °C
Heißluft: etwa 160 °C

2. Mehl mit Backpulver und Puderzucker mischen und in eine verschließbare Schüssel (etwa 3 l) geben. Restliche Zutaten für den Teig dazugeben und die Schüssel mit dem Deckel fest verschließen.

3. Schüssel mehrmals kräftig schütteln (insgesamt 15–30 Sekunden), sodass alle Zutaten gut vermischt sind. Alles mit einem Schneebesen oder Rührlöffel nochmals sorgfältig durchrühren, damit trockene Zutaten vom Rand mit untergerührt werden.

4. Den Teig auf das Backblech geben und glatt streichen. Das Backblech auf mittlerer Einschubleiste in den vorgeheizten Backofen schieben und den Kuchen **etwa 25 Minuten backen.**

5. Das Backblech auf einen Kuchenrost stellen und den Kuchen darauf erkalten lassen.

6. Schokolade in Stücke brechen und in einem kleinen Topf im Wasserbad bei schwacher Hitze unter Rühren schmelzen. Den Kuchen mit einem kleinen Löffel damit besprenkeln.

Tipps:

Wer keine Schüssel mit Deckel hat, kann den Teig auch gut und kräftig mit einem Schneebesen verrühren.
Der Schoko-Guss kann auch in einen kleinen Gefrierbeutel gefüllt werden, dann eine kleine Ecke abschneiden und den Guss über den Kuchen sprenkeln. Wenn's schnell gehen soll, einfach auf den Schoko-Guss verzichten und den Kuchen mit 2–3 Esslöffeln Puderzucker bestäuben. Dazu den Puderzucker mithilfe eines Löffels durch ein Sieb auf den Kuchen reiben.

Variante:

Für einen **Wachschüttelkuchen mit Chai-Tee** anstelle von Kaffee und Zimt starken Gewürztee verwenden. Dafür eignet sich Chai – schwarzer Tee, der mit Gewürzen versetzt ist. Dafür 6 Teebeutel (je 2,5 g) mit 250 ml (¼ l) kochendem Wasser übergießen und etwa 8 Minuten ziehen lassen. Beutel ausdrücken und den abgekühlten Tee für den Teig verwenden. Chai-Tee gibt es mit unterschiedlichen Aroma-Mischungen.

Zutaten:

Für den Schüttelteig:
200 g Butter
300 g Weizenmehl
1 Pck. Dr. Oetker Backin
200 g Puderzucker
200 g gemahlene Haselnusskerne
1 Msp. gemahlener Zimt
4 Eier (Größe M)
250 ml (¼ l) kalter starker Kaffee

50 g Zartbitter-Schokolade

E: 86 g, F: 342 g, Kh: 460 g,
kJ: 22042, kcal: 5267, BE: 38,5

Schnelle Nussecken

Immer wieder gut

Zubereitungszeit: 25 Minuten
Backzeit: 20–25 Minuten

Zutaten:

Für den All-in-Teig:
200 g Weizenmehl
1 gestr. TL Dr. Oetker Backin
50 g gemahlene Haselnusskerne
100 g Zucker
1 Prise Salz
1 Ei (Größe M)
150 g weiche Butter oder Margarine
½ klassisches Röhrchen Bittermandel-Aroma
4 EL kaltes Wasser

Für den Belag:
200 g Aprikosenkonfitüre
1 Pck. Dr. Oetker Vanillin-Zucker
2 EL Schlagsahne
200 g gehobelte Haselnusskerne

E: 58 g, F: 294 g, Kh: 409 g,
kJ: 18923, kcal: 4523, BE: 34,0

Zubereitung:

1. Ein Backblech (30 x 40 cm) fetten und mehlen. Den Backofen vorheizen.
Ober-/Unterhitze: etwa 200 °C
Heißluft: etwa 180 °C

2. Für den Teig Mehl mit Backpulver in einer Rührschüssel mischen. Gemahlene Nusskerne, Zucker, Salz, Ei, Butter oder Margarine, Aroma und Wasser hinzufügen. Die Zutaten mit Handrührgerät mit Rührbesen kurz auf niedrigster, dann auf höchster Stufe in 2 Minuten zu einem glatten Teig verarbeiten.

3. Den Teig auf dem Backblech verteilen und verstreichen. Das Backblech auf mittlerer Einschubleiste in den vorgeheizten Backofen schieben und den Teig **etwa 10 Minuten vorbacken.**

4. Währenddessen Konfitüre in einem Topf aufkochen lassen und von der Kochstelle nehmen. Vanillin-Zucker, Sahne und gehobelte Nusskerne unterrühren.

5. Das Backblech auf einen Kuchenrost stellen. Die Nussmasse sofort auf dem vorgebackenen Teig verteilen und mit einer Teigkarte oder einem Esslöffel verstreichen. Das Backblech wieder in den heißen Backofen schieben und das Gebäck in **12–15 Minuten fertig backen.**

6. Das Backblech auf einen Kuchenrost stellen und das Gebäck erkalten lassen. Dann das Gebäck in 12 Quadrate (etwa 10 x 10 cm) schneiden und die Quadrate diagonal halbieren.

Tipps:

Die fertigen Nussecken mit 50 g aufgelöster Zartbitter-Schokolade besprenkeln (Foto).
Die Ecken halten sich 2–3 Wochen in gut schließenden Dosen.

Variante:

Für **Mandelecken** die Haselnusskerne durch Mandeln ersetzen. 100 g Schokolade auflösen und jeweils die beiden spitzen Ecken der Mandelecken eintauchen. Schokolade abtropfen lassen, Mandelecken auf Backpapier legen und Schokolade fest werden lassen.

Beliebt

Heidelbeer-Vanille-Muffins

Zubereitungszeit: 30 Minuten, ohne Kühlzeit
Backzeit: etwa 30 Minuten

Zutaten:

250 g frische oder 200 g TK-Heidelbeeren

Für den All-in-Teig:
250 g Weizenmehl
2 gestr. TL Dr. Oetker Backin
150 g Zucker
1 Pck. Dr. Oetker Bourbon-Vanille-Zucker
1 Prise Salz
2 Eier (Größe M)
250 g Dr. Oetker Vanille-Sauce (aus dem Kühlregal)
100 ml Speiseöl, z. B. Rapsöl, Sonnenblumenöl, Maiskeimöl

Zum Bestäuben:
etwas Puderzucker

E: 49 g, F: 132 g, Kh: 409 g,
kJ: 12709, kcal: 3035, BE: 34,0

Zubereitung:

1. Frische Heidelbeeren verlesen, vorsichtig waschen, gut abtropfen lassen und mit Küchenpapier trocken tupfen. Eine Muffinform für 12 Muffins fetten und mehlen. Den Backofen vorheizen.
Ober-/Unterhitze: etwa 180 °C
Heißluft: etwa 160 °C

2. Für den Teig Mehl mit Backpulver in einer Rührschüssel mischen. Zucker, Vanille-Zucker, Salz, Eier, Vanille-Sauce und Speiseöl hinzufügen. Die Zutaten mit Handrührgerät mit Rührbesen kurz auf niedrigster, dann auf höchster Stufe in 2 Minuten zu einem glatten Teig verarbeiten.

3. Heidelbeeren (TK-Heidelbeeren unaufgetaut) vorsichtig und kurz mit einem Teigschaber oder einem Löffel unterheben (nicht zu stark rühren, die Früchte färben sonst den Teig lila).

4. Den Teig in der Muffinform verteilen. Die Form auf mittlerer Einschubleiste auf dem Rost in den vorgeheizten Backofen schieben und die Muffins **etwa 30 Minuten backen.**

5. Die Muffins nach dem Backen etwa 5 Minuten in der Form stehen lassen, dann vorsichtig aus der Form lösen und auf einem Kuchenrost erkalten lassen. Die Muffins nach Belieben mit Puderzucker bestäuben.

Tipp:

Die Muffins schmecken auch mit frischen oder TK-Himbeeren oder Johannisbeeren.

Variante:

Für **Kirsch-Mohn-Muffins** 1 kleines Glas Sauerkirschen (Abtropfgewicht 175 g) in einem Sieb gut abtropfen lassen. Den Teig ohne Heidelbeeren zubereiten und 20 g Blaumohn (ungemahlen) unterrühren. Die Hälfte des Teiges in die vorbereitete Muffinform füllen. 12 Kirschen beiseitelegen, restliche Kirschen auf dem eingefüllten Teig verteilen. Restlichen Teig einfüllen und jeweils 1 Kirsche darauflegen. Den Teig wie im Rezept backen. Die erkalteten Muffins nach Belieben mit Puderzucker bestäuben.

Zubereitungszeit: 45 Minuten, ohne Teiggeh- und Abkühlzeit
Backzeit: etwa 20 Minuten je Backblech

Einfach lecker
Apfel-Zimt-Schnecken

Zubereitung:

1. Für die Füllung Äpfel schälen, vierteln, entkernen und in kleine Würfel schneiden. Apfelwürfel mit Zucker, Zimt, Zitronensaft und Butter in einen Topf geben und bei mittlerer Hitze unter Rühren aufkochen lassen. Das Mehl auf die Apfelmasse streuen und unterrühren. Die Masse unter Rühren kräftig aufkochen lassen.

2. Die Apfelmasse von der Kochstelle nehmen und abkühlen lassen, dabei gelegentlich umrühren. Ein Backblech mit Backpapier belegen, einen weiteren Bogen Backpapier bereitlegen.

3. Für den Teig Mehl in eine Rührschüssel geben und sorgfältig mit Hefeteig Garant vermischen. Zucker, Milch und Butter oder Margarine hinzufügen. Die Zutaten mit Handrührgerät mit Knethaken zunächst kurz auf niedrigster, dann auf höchster Stufe in etwa 2 Minuten zu einem Teig verarbeiten.

4. Den Teig leicht mit Mehl bestäuben, aus der Schüssel nehmen und auf der leicht bemehlten Arbeitsfläche nochmals kurz durchkneten. Den Teig zu einem Rechteck (etwa 30 x 45 cm) ausrollen. Die Apfelmasse darauf verteilen und mit einer Teigkarte oder einem Löffel verstreichen, dabei an den langen Seiten einen 2 cm breiten Rand frei lassen.

5. Den Backofen vorheizen.
Ober-/Unterhitze: etwa 180 °C
Heißluft: etwa 160 °C

6. Den Teig von der längeren Seite aus aufrollen. Die Rolle quer halbieren und jede Hälfte in 8 Scheiben schneiden. Die Teigscheiben mit Abstand auf dem vorbereiteten Backblech und dem Backpapierbogen verteilen und 5 Minuten stehen lassen.

7. Die Teigscheiben mithilfe eines Backpinsels mit Sahne bestreichen und mit Zimt-Zucker bestreuen. Das Backblech auf mittlerer Einschubleiste in den vorgeheizten Backofen schieben und die Schnecken **etwa 20 Minuten backen.**

8. Die Apfelschnecken mit dem Backpapier auf einen Kuchenrost ziehen. Den zweiten Bogen mit den Schnecken auf das Backblech ziehen und wie die ersten Schnecken backen. Schnecken erkalten lassen.

Tipps:

Die Schnecken schmecken frisch am besten. Bei zwei vorhandenen Backblechen und einem Heißluftofen können beide Portionen Schnecken zusammen gebacken werden.

Variante:

Für **Marzipanschnecken** für die Füllung 200 g Marzipan-Rohmasse in sehr kleine Würfel schneiden und mit 100 g weicher Butter oder Margarine mit Handrührgerät mit Rührbesen schaumig rühren. 1 Ei (Größe M) unterrühren. Den Hefeteig wie im Rezept beschrieben zubereiten. Statt der Apfelfüllung die Marzipanfüllung aufstreichen. 100 g gehackte Mandeln oder Haselnusskerne und 100 g Rosinen aufstreuen und einrollen. Die Teigrolle ebenso in Scheiben schneiden und vor dem Backen mit Sahne bestreichen (sie müssen nicht mit Zimt-Zucker bestreut werden). Die noch warmen Marzipanschnecken mit einem Guss aus 100 g Puderzucker und 2–3 Esslöffeln Zitronensaft bestreichen.

Zutaten:

Für die Füllung:
400 g Äpfel
50 g Zucker
½ TL gemahlener Zimt
1 EL Zitronensaft
40 g Butter
1 leicht geh. EL Weizenmehl

Für den Hefeteig:
375 g Weizenmehl
1 Pck. Dr. Oetker Hefeteig Garant
50 g Zucker
170 ml Milch
100 g weiche Butter oder Margarine

Zum Bestreichen und Bestreuen:
2 EL Schlagsahne
1 EL Zimt-Zucker (½ TL gemahlener Zimt, 1 EL Zucker)

E: 50 g, F: 134 g, Kh: 455 g,
kJ: 13844, kcal: 3308, BE: 38,0

Schoko-Chili-Muffins
Ganz schön scharf

Zubereitungszeit: 30 Minuten, ohne Abkühlzeit
Backzeit: etwa 25 Minuten

Zutaten:

Zum Vorbereiten:
2 rote Chilischoten

Für den Rührteig:
125 g weiche Butter oder Margarine
125 g Zucker
3 Eier (Größe M)
150 g Weizenmehl
15 g Kakaopulver
1 ½ gestr. TL Dr. Oetker Backin
2 Tropfen Tabasco
100 g Raspelschokolade

Für den Guss:
50 g Zartbitter-Schokolade
1 TL Speiseöl, z. B. Sonnenblumenöl

Außerdem:
12 Papierbackförmchen

E: 51 g, F: 173 g, Kh: 310 g,
kJ: 12594, kcal: 3010, BE: 26,0

Zubereitung:

1. Zum Vorbereiten Chilis längs halbieren, entstielen, entkernen und die weißen Scheidewände entfernen. Chilis abspülen, trocken tupfen und sehr fein würfeln. 1 Teelöffel Chiliwürfel beiseitelegen.

2. Eine Muffinform für 12 Muffins mit Papierbackförmchen auslegen. Den Backofen vorheizen.
Ober-/Unterhitze: etwa 180 °C
Heißluft: etwa 160 °C

3. Für den Teig Butter oder Margarine mit Handrührgerät mit Rührbesen auf höchster Stufe geschmeidig rühren. Zucker nach und nach hinzugeben. So lange rühren, bis eine gebundene Masse entstanden ist. Eier nach und nach unterrühren (jedes Ei etwa ½ Minute).

4. Mehl mit Kakao und Backpulver mischen und in 2 Portionen auf mittlerer Stufe unterrühren. Tabasco und Chiliwürfel hinzufügen und mit der Raspelschokolade unterheben.

5. Den Teig in der Muffinform verteilen und glatt streichen. Die Form auf mittlerer Einschubleiste auf dem Rost in den vorgeheizten Backofen schieben und die Muffins **etwa 25 Minuten backen.**

6. Die Muffins etwa 5 Minuten in der Form stehen lassen, dann vorsichtig aus der Form lösen und auf einem Kuchenrost erkalten lassen.

7. Für den Guss Schokolade in kleine Stücke brechen und mit Speiseöl in einem kleinen Topf im Wasserbad bei schwacher Hitze schmelzen. Die Muffins damit verzieren und mit den beiseitegelegten Chiliwürfeln bestreuen.
Guss fest werden lassen.

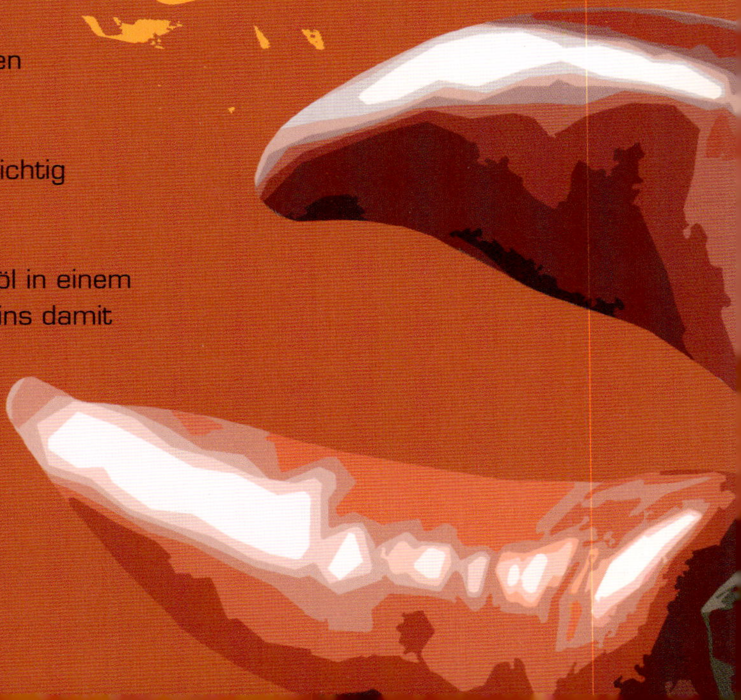

Tipps:

Wer es weniger scharf mag, verwendet nur eine Chilischote.
Wer keine Papierbackförmchen hat, kann die Muffinform einfach fetten und mehlen.

Wie bei Muttern
Apfeltaschen

Zubereitungszeit: 60 Minuten
Backzeit: etwa 20 Minuten je Backblech

Zubereitung:

1. Für die Füllung Äpfel schälen, vierteln, entkernen und in kleine Stücke schneiden. Apfelstücke mit Rosinen, Zucker und Butter unter Rühren in einem Topf etwa 5 Minuten bei mittlerer Hitze andünsten und erkalten lassen.

2. Ein Backblech mit Backpapier belegen, einen zweiten Bogen Backpapier vorbereiten. Den Backofen vorheizen.
Ober-/Unterhitze: etwa 200 °C
Heißluft: etwa 180 °C

3. Für den Teig Mehl mit Backpulver in einer Rührschüssel mischen. Quark, Milch, Speiseöl, Zucker und Vanillin-Zucker hinzufügen. Die Zutaten mit Handrührgerät mit Knethaken zunächst kurz auf niedrigster, dann auf höchster Stufe in etwa 1 Minute zu einem Teig verarbeiten (nicht zu lange, Teig klebt sonst).

4. Teig mit etwas Mehl bestäuben, aus der Schüssel nehmen und auf der leicht bemehlten Arbeitsfläche kurz zu einer Rolle verkneten. Den Teig dünn ausrollen und 14 runde Teigplatten (Ø etwa 12 cm), z. B. mit einem Schälchen, ausstechen. Teigreste evtl. wieder zusammenkneten und erneut ausrollen, bis 14 Teigplatten ausgestochen sind. Die Füllung auf den Teigplatten verteilen, dabei die Apfelmasse jeweils auf eine Seite geben.

5. Den Rand jeder Teigplatte mit Milch bestreichen. Eine Teighälfte über die Füllung klappen und die Ränder mit einer Gabel oder einer Teigkarte gut andrücken. Apfeltaschen mit Milch bestreichen und nach Belieben mit Mandeln bestreuen. Die Hälfte der Apfeltaschen auf das Backblech legen. Das Backblech auf mittlerer Einschubleiste in den vorgeheizten Backofen schieben und die Apfeltaschen **etwa 20 Minuten backen.**

6. Inzwischen die restlichen Apfeltaschen fertig machen und auf das vorbereitete Backpapier legen. Für den Guss Puderzucker mit Zitronensaft zu einer dickflüssigen Masse verrühren. Butter zerlassen und unterrühren.

7. Das heiße Gebäck mit dem Backpapier vom Backblech auf einen Kuchenrost ziehen. Die restlichen Apfeltaschen mit dem Backpapier auf das Backblech ziehen. Das Backblech in den Backofen schieben und die Apfeltaschen ebenso backen. Die gebackenen Apfeltaschen noch heiß mit dem Guss bestreichen und erkalten lassen.

Tipp:

Wer zwei Backbleche und einen Heißluftbackofen hat, kann die Apfeltaschen natürlich auf einmal backen.

Variante:

Für **Quarktaschen mit Rosinen oder Cranberries** für die Füllung 300 g Magerquark mit 1 Ei (Größe M), 125 g getrockneten Rosinen oder Cranberries, 1 Teelöffel Finesse Geriebener Zitronenschale, 1 Päckchen Vanillin-Zucker, 1 gestrichenen Esslöffel Weizenmehl und 1 Teelöffel Speiseöl verrühren. Den Teig wie im Rezept zubereiten, ausrollen und ausstechen. Teigplatten mit der Quarkfüllung füllen und wie im Rezept weiter zubereiten, backen und bestreichen. Nach Belieben den Guss mit Orangensaft zubereiten oder die ausgekühlten Taschen einfach nur mit Puderzucker bestäuben.

Zutaten:

Für die Füllung:
500 g Äpfel, z. B. Jonagold, Elstar
50 g Rosinen
40 g Zucker
20 g Butter

Für den Quark-Öl-Teig:
300 g Weizenmehl
4 gestr. TL Dr. Oetker Backin
125 g Magerquark
100 ml Milch
75 ml Speiseöl, z. B. Sonnenblumenöl
80 g Zucker
1 Pck. Dr. Oetker Vanillin-Zucker

Zum Bestreichen und Bestreuen:
2–3 EL Milch
evtl. gehobelte Mandeln

Für den Guss:
100 g Puderzucker
1 EL Zitronensaft oder Wasser
10 g Butter

E: 54 g, F: 109 g, Kh: 545 g,
kJ: 14281, kcal: 3414, BE: 45,5

Zutaten:

Für den All-in-Teig:
100 g Zartbitter-Schokolade
200 g Weizenmehl
1 Pck. Dr. Oetker Pudding-Pulver Vanille-Geschmack
3 gestr. TL Dr. Oetker Backin
150 g Zucker
1 Pck. Dr. Oetker Vanillin-Zucker
200 g weiche Butter oder Margarine
3 Eier (Größe M)
100 ml Milch

Außerdem:
12 Papierbackförmchen

E: 51 g, F: 223 g, Kh: 382 g,
kJ: 15731, kcal: 3756, BE: 32,0

Ganz einfach

Muffins mit Schokosplittern

Zubereitungszeit: 20 Minuten
Backzeit: etwa 25 Minuten

Zubereitung:

1. Eine Muffinform für 12 Muffins mit Papierbackförmchen auslegen. Die Schokolade in kleine Stücke hacken.
Den Backofen vorheizen.
Ober-/Unterhitze: etwa 180 °C
Heißluft: etwa 160 °C

2. Für den Teig Mehl mit Pudding-Pulver und Backpulver in einer Rührschüssel mischen. Restliche Zutaten (außer die Schokoladenstücke) hinzufügen und alles mit Handrührgerät mit Rührbesen kurz auf niedrigster, dann auf höchster Stufe in 2 Minuten zu einem glatten Teig verarbeiten. Etwa zwei Drittel der Schokoladenstücke kurz unterrühren.

3. Den Teig in der Muffinform verteilen und mit der übrigen Schokolade bestreuen. Die Form auf mittlerer Einschubleiste auf dem Rost in den vorgeheizten Backofen schieben und die Muffins **etwa 25 Minuten backen.**

4. Die Muffins mit den Papierbackförmchen aus der Form nehmen und auf einem Kuchenrost erkalten lassen.

Tipps:

Statt Papierbackförmchen zu verwenden, kann man die Muffinform auch fetten, mehlen und dann den Teig darin verteilen. Dann die Muffins nach dem Backen noch 5 Minuten in der Form lassen und erst dann herausnehmen. Mit einem Päckchen Finesse Orangenschalen-Aroma schmeckt's fruchtig.

Variante:

Für **kunterbunte Muffins** statt der Zartbitter-Schokolade bunte Schokolinsen grob hacken und wie im Rezept beschrieben verwenden.

Schoko-Bananen-Kuchen
Zum Mitnehmen

Zubereitungszeit: 20 Minuten
Backzeit: etwa 50 Minuten

Zutaten:

Für den Schüttelteig:
100 g Zartbitter-Schokolade
125 g Butter
2 feste Bananen
250 g Weizenmehl
2 gestr. TL Dr. Oetker Backin
130 g Zucker
1 Pck. Dr. Oetker Vanillin-Zucker
3 Eier (Größe M)
7–8 EL (75–100 ml) Bananen-Nektar

Für den Belag:
1–2 Riegel (30 g) Vollmilch-Schokolade

E: 59 g, F: 172 g, Kh: 435 g,
kJ: 14843, kcal: 3546, BE: 36,5

Zubereitung:

1. Eine Kastenform (25 x 11 cm) fetten und mehlen. Für den Teig Schokolade in Stücke brechen, mit der Butter in einen Topf geben und bei schwacher Hitze unter Rühren zerlassen. Anschließend die Masse abkühlen lassen. Bananen schälen und in feine Würfel schneiden. Den Backofen vorheizen.
Ober-/Unterhitze: etwa 180 °C
Heißluft: etwa 160 °C

2. Mehl mit Backpulver in eine verschließbare Schüssel (etwa 3 l) geben und mit Zucker und Vanillin-Zucker vermischen. Eier, Bananen-Nektar, Bananenwürfel und Butter-Schoko-Masse hinzufügen und die Schüssel mit dem Deckel fest verschließen.

3. Schüssel mehrmals kräftig schütteln (insgesamt 15–30 Sekunden), sodass alle Zutaten gut vermischt sind. Alles mit einem Schneebesen oder Rührlöffel nochmals sorgfältig durchrühren, damit trockene Zutaten vom Rand mit untergerührt werden.

4. Den Teig in die Kastenform füllen. Die Form im unteren Drittel auf dem Rost in den vorgeheizten Backofen schieben und den Kuchen **etwa 50 Minuten backen.**

5. Für den Belag Schokolade fein hacken. Den Kuchen nach dem Backen 10 Minuten in der Form stehen lassen, dann auf einen Kuchenrost stürzen und umdrehen. Schokolade auf den heißen Kuchen streuen, leicht andrücken und den Kuchen erkalten lassen.

Tipp:

Wer keine verschließbare Schüssel hat, kann die Teigzutaten in einer offenen Schüssel mit einem Schneebesen in 1 Minute kräftig verrühren.

Variante:

Für **Schoko-Bananen-Muffins** den Teig mit nur einer Banane zubereiten und in eine Muffinform für 12 Muffins (gefettet und gemehlt oder mit Papierbackförmchen ausgelegt) füllen. Die Muffins etwa 25 Minuten backen. Etwa 5 Minuten nach dem Backen die Schokoladenstückchen aufstreuen und andrücken.

Zutaten:

Für den All-in-Teig:
125 g Weizenmehl
125 g Speisestärke
4 gestr. TL Dr. Oetker Backin
250 g Puderzucker
100 g Kokosraspel
1 Pck. Dr. Oetker Finesse Geriebene Zitronenschale
5 Eier (Größe M)
250 ml (¼ l) Speiseöl, z. B. Sonnenblumenöl
1 kleine Dose (160 ml) Kokosmilch
100 ml Batida de Côco (Kokoslikör)

Zum Bestäuben:
Puderzucker

E: 57 g, F: 374 g, Kh: 506 g, kJ: 23913, kcal: 5717, BE: 42,0

Zubereitung:

1. Eine Gugelhupfform (Ø 22–24 cm) fetten und mehlen. Den Backofen vorheizen.
Ober-/Unterhitze: etwa 180 °C
Heißluft: etwa 160 °C

2. Für den Teig Mehl mit Speisestärke, Backpulver und Puderzucker in einer Rührschüssel mischen. Kokosraspel, Zitronenschale, Eier, Speiseöl, Kokosmilch und Kokoslikör hinzufügen. Die Zutaten mit Handrührgerät mit Rührbesen auf höchster Stufe in 1 Minute zu einem glatten Teig verarbeiten.

3. Den Teig in die Form geben. Die Form im unteren Drittel auf dem Rost in den vorgeheizten Backofen schieben und den Kuchen **55–60 Minuten backen.**

4. Die Form auf einen Kuchenrost stellen. Den Kuchen etwa 10 Minuten in der Form stehen lassen, dann auf einen mit Backpapier belegten Kuchenrost stürzen und erkalten lassen. Anschließend den Kuchen mit Puderzucker bestäuben.

Variante:

Für einen **Baileys-Nuss-Napfkuchen** die 100 g Kokosraspel durch 80 g gemahlene Haselnusskerne ersetzen. Zitronenschale weglassen. Anstelle von Kokosmilch und Kokoslikör 100 ml Baileys (Original Irish Cream Likör) und 100 g flüssige Schlagsahne verwenden.

Für die Party

Batida-de-Côco-Napfkuchen

Zubereitungszeit: 25 Minuten
Backzeit: 55–60 Minuten

Zutaten:

Für den All-in-Teig:
1 Becher (150 g) saure Sahne
2 Becher (200 g) Weizenmehl
3 gestr. TL Dr. Oetker Backin
1 Becher (150 g) Zucker
1 Pck. Dr. Oetker Vanillin-Zucker
3 Eier (Größe M)
gut ½ Pck. (150 g) weiche Butter

1 leicht geh. EL gesiebtes Kakaopulver

Zum Verzieren:
½ Tafel (50 g) Zartbitter-Schokolade
1 TL Speiseöl, z. B. Sonnenblumenöl

E: 52 g, F: 187 g, Kh: 337 g,
kJ: 13634, kcal: 3258, BE: 28,0

Simpel

Marmor-Becherkuchen

Zubereitungszeit: 25 Minuten, ohne Abkühlzeit
Backzeit: etwa 50 Minuten

Zubereitung:

1. Eine Kastenform (25 x 11 cm) fetten und mehlen. Den Backofen vorheizen.
Ober-/Unterhitze: etwa 180 °C
Heißluft: etwa 160 °C

2. Für den Teig saure Sahne in ein Schälchen geben, den Becher abwaschen, abtrocknen und zum Abmessen der Zutaten verwenden. Mehl mit Backpulver in einer Rührschüssel gut vermischen. Zucker, Vanillin-Zucker, Eier, Butter und die saure Sahne hinzufügen.

3. Die Zutaten mit Handrührgerät mit Rührbesen erst kurz auf niedrigster, dann auf höchster Stufe in etwa 2 Minuten zu einem glatten Teig verarbeiten.

4. Die Hälfte des Teiges in die Kastenform füllen. Unter den restlichen Teig Kakao rühren. Den dunklen Teig auf dem hellen Teig verteilen. Eine Gabel spiralförmig durch die Teigschichten ziehen, sodass ein Marmormuster entsteht. Die Form im unteren Drittel auf dem Rost in den vorgeheizten Backofen schieben und den Kuchen **etwa 50 Minuten backen.**

5. Den Kuchen 10 Minuten in der Form stehen lassen, dann aus der Form lösen und auf einem mit Backpapier belegten Kuchenrost erkalten lassen.

6. Zum Verzieren Schokolade in kleine Stücke brechen und mit Speiseöl in einem kleinen Topf im Wasserbad bei schwacher Hitze unter Rühren schmelzen. Schokolade in ein Papiertütchen oder einen kleinen Gefrierbeutel füllen, eine kleine Ecke abschneiden und den Kuchen damit besprenkeln. Oder die Schokolade mit einem kleinen Löffel über den Kuchen sprenkeln. Die Schokolade fest werden lassen.

Einfach lecker

Mamas Nusskuchen

Zubereitungszeit: 30 Minuten, ohne Abkühlzeit
Backzeit: etwa 60 Minuten

Zubereitung:

1. Für den Teig die Haselnusskerne in einer Pfanne ohne Fett portionsweise unter Rühren leicht rösten und dann auf einem Teller erkalten lassen. Eine Kastenform (25 x 11 cm) fetten und mehlen. Den Backofen vorheizen.
Ober-/Unterhitze: etwa 180 °C
Heißluft: etwa 160 °C

2. Für den Teig Butter oder Margarine in einer Rührschüssel mit Handrührgerät mit Rührbesen geschmeidig rühren. Nach und nach Zucker, Vanillin-Zucker, Salz und Rum-Aroma unterrühren. So lange rühren, bis eine gebundene Masse entstanden ist. Eier nach und nach auf höchster Stufe unterrühren (jedes Ei etwa ½ Minute).

3. Mehl und Backpulver mischen, mit den gerösteten Haselnusskernen vermengen und auf mittlerer Stufe in 2 Portionen kurz unterrühren. Den Teig in die Form füllen und glatt streichen. Die Form im unteren Drittel auf dem Rost in den vorgeheizten Backofen schieben. Den Kuchen **etwa 60 Minuten backen,** evtl. gegen Ende der Backzeit den Kuchen mit Backpapier zudecken, damit er nicht zu dunkel wird.

4. Den Kuchen 10 Minuten in der Form stehen lassen, dann aus der Form lösen, auf einen Kuchenrost stellen und erkalten lassen.

5. Für den Guss die Schokolade in Stücke brechen, mit dem Speiseöl in einem kleinen Topf im Wasserbad bei schwacher Hitze unter Rühren schmelzen. Den erkalteten Kuchen mithilfe eines Messers oder eines Backpinsels mit dem Schokoladen-Guss bestreichen und mit den gehackten Haselnusskernen bestreuen.

Tipps:

Der Kuchen kann auch in einer Gugelhupf- oder Napfkuchenform (Ø 22–24 cm) gebacken werden.
Das Rösten der Nüsse gibt ein besonders intensives Nussaroma; es geht aber, wenn man's eilig hat, auch ohne.
Statt Rum-Aroma können 2 Esslöffel Rum verwendet werden, oder das Aroma einfach weglassen.
Der Kuchen hält sich in Alufolie verpackt 5–6 Tage.

Variante 1:

Für einen **Schoko-Nuss-Kuchen** zusätzlich 100 g gehackte Vollmilch-Schokolade in den Teig geben.

Variante 2:

Für einen **getränkten Früchtekuchen** statt der gemahlenen Haselnusskerne abgezogene, gemahlene Mandeln verwenden. Die gehackten Haselnusskerne durch 100 g gemischte getrocknete Früchte nach Belieben (z. B. Cranberries, Aprikosen) ersetzen, dann die Früchte evtl. etwas klein schneiden. Nach dem Lösen aus der Form den Kuchen an der Oberfläche mit einem Holzstäbchen oder einer Stricknadel dicht einstechen und mit 125 ml (⅛ l) Saft passend zu den Früchten beträufeln. Dann den Kuchen wie im Rezept auskühlen lassen und evtl. mit Schokolade bestreichen.

Zutaten:

Für den Rührteig:
100 g gemahlene Haselnusskerne
100 g gehackte Haselnusskerne
200 g weiche Butter oder Margarine
150 g Zucker
1 Pck. Dr. Oetker Vanillin-Zucker
1 Prise Salz
½ klassisches Röhrchen Rum-Aroma
3 Eier (Größe M)
150 g Weizenmehl
2 gestr. TL Dr. Oetker Backin

Für den Guss:
150 g Vollmilch-Schokolade
1 EL Speiseöl, z. B. Sonnenblumenöl

Zum Bestreuen:
50 g gehackte Haselnusskerne

E: 81 g, F: 401 g, Kh: 380 g,
kJ: 22827, kcal: 5454, BE: 31,5

Schnell
Durstige Liese

Zubereitungszeit: 20 Minuten
Backzeit: etwa 45 Minuten

Zubereitung:

1. Eine Napfkuchenform (Ø 22–24 cm) fetten und mehlen. Den Backofen vorheizen.
Ober-/Unterhitze: etwa 180 °C
Heißluft: etwa 160 °C

2. Für den Teig Butter oder Margarine mit Handrührgerät mit Rührbesen auf höchster Stufe geschmeidig rühren. Nach und nach Zucker und Zitronenschale unterrühren. So lange rühren, bis eine gebundene Masse entstanden ist.

3. Eier nach und nach unterrühren (jedes Ei etwa ½ Minute). Mehl mit Pudding-Pulver und Backpulver mischen und auf mittlerer Stufe unterrühren.

4. Den Teig in die Napfkuchenform füllen. Die Form im unteren Drittel auf dem Rost in den vorgeheizten Backofen schieben und den Kuchen **etwa 45 Minuten backen.**

5. Den Kuchen etwa 10 Minuten in der Form stehen lassen, dann auf einen mit Backpapier belegten Kuchenrost stürzen. Den heißen Kuchen mit einem Holzstäbchen mehrmals einstechen und mit Orangen- und Zitronensaft (evtl. mit Zucker verrührt) tränken. Kuchen erkalten lassen.

Tipp:

Der Teig kann auch als Blechkuchen gebacken werden. Dazu den Teig auf ein Backblech (30 x 40 cm, gefettet) streichen und etwa 30 Minuten bei gleicher Backtemperatur backen.

Variante:

Das Pudding-Pulver kann auch in anderen Geschmacksrichtungen, z. B. Sahne-Geschmack verwendet werden. Auch lecker: Als **Schoko-Orangen-Liese** mit Pudding-Pulver Schokoladen-Geschmack und Finesse Orangenschalen-Aroma statt Zitronenschale.

Zutaten:

Für den Rührteig:
200 g weiche Butter oder Margarine
200 g Zucker
1 Pck. Dr. Oetker Finesse Geriebene Zitronenschale
4 Eier (Größe M)
200 g Weizenmehl
1 Pck. Dr. Oetker Pudding-Pulver Vanille-Geschmack
2 gestr. TL Dr. Oetker Backin

Zum Tränken:
150 ml Orangensaft
50 ml Zitronensaft
evtl. 1 TL Zucker

E: 49 g, F: 197 g, Kh: 403 g, kJ: 15189, kcal: 3628, BE: 33,5

Der Klassiker
Rotweinkuchen

Zubereitungszeit: 20 Minuten
Backzeit: etwa 60 Minuten

Zubereitung:

1. Eine Kastenform (25 x 11 cm) fetten und mehlen. Den Backofen vorheizen.
Ober-/Unterhitze: etwa 180 °C
Heißluft: etwa 160 °C

2. Für den Teig Butter oder Margarine in einer Rührschüssel mit Handrührgerät mit Rührbesen geschmeidig rühren. Nach und nach Zucker, Vanillin-Zucker, Rum-Aroma und Salz unter Rühren hinzufügen. So lange rühren, bis eine gebundene Masse entstanden ist.

3. Eier nach und nach auf höchster Stufe unterrühren (jedes Ei etwa ½ Minute). Mehl mit Kakaopulver, Backpulver und Zimt mischen und abwechselnd mit Raspelschokolade, Mandeln und Rotwein auf mittlerer Stufe kurz unterrühren.

4. Den Teig in die Kastenform füllen und die Form im unteren Drittel auf dem Rost in den vorgeheizten Backofen schieben. Den Kuchen **etwa 60 Minuten backen.**

5. Den Kuchen anschließend 10 Minuten in der Form stehen lassen, dann aus der Form lösen und auf einem Kuchenrost erkalten lassen.

Tipps:

Das Rum-Aroma kann ersatzlos weggelassen oder durch 1–2 Esslöffel Rum ersetzt werden.
Der Kuchen hält sich in Alufolie verpackt 5–6 Tage.

Zutaten:

Für den Rührteig:
200 g weiche Butter oder Margarine
100 g Zucker
1 Pck. Dr. Oetker Vanillin-Zucker
½ klassisches Röhrchen Rum-Aroma
1 Prise Salz
3 Eier (Größe M)
200 g Weizenmehl
2 gestr. TL Kakaopulver
2 ½ gestr. TL Dr. Oetker Backin
1 gestr. TL gemahlener Zimt
100 g Raspelschokolade
50 g gehackte Mandeln
100 ml Rotwein

E: 60 g, F: 244 g, Kh: 318 g,
kJ: 15823, kcal: 3781, BE: 26,5

Cuba-Libre-Torte

Zubereitungszeit: 50 Minuten, ohne Kühlzeit
Backzeit: etwa 25 Minuten

Zutaten:

Für den All-in-Teig:
175 g Weizenmehl
1 leicht geh. EL Kakaopulver
2 gestr. TL Dr. Oetker Backin
200 g Zucker
3 Eier (Größe M)
175 g weiche Butter oder Margarine
150 ml Cola

Für die Füllung:
250 g Schlagsahne
1 Pck. Dr. Oetker Sahnesteif
40 g Zucker
2–3 EL weißer Rum

Für den hellen Guss:
200 g Puderzucker
5–6 EL weißer Rum

Für den dunklen Guss:
50 g Puderzucker
1 EL Cola

Zum Garnieren:
einige Fruchtgummi-Colafläschchen

E: 51 g, F: 245 g, Kh: 658 g,
kJ: 22237, kcal: 5315, BE: 55,0

Zubereitung:

1. Den Boden einer Springform (Ø 26 cm) fetten und mit Backpapier belegen. Den Rand darumstellen und das Backpapier darin einspannen. Den Backofen vorheizen.
Ober-/Unterhitze: etwa 180 °C
Heißluft: etwa 160 °C

2. Für den Teig Mehl mit Kakao und Backpulver in einer Rührschüssel mischen. Restliche Zutaten hinzufügen und alles mit Handrührgerät mit Rührbesen kurz auf niedrigster, dann auf höchster Stufe in etwa 2 Minuten zu einem Teig verarbeiten.

3. Den Teig in die Springform füllen und verstreichen. Die Form im unteren Drittel auf dem Rost in den vorgeheizten Backofen schieben und den Boden **etwa 25 Minuten backen.**

4. Den Boden aus der Form lösen, mit dem Backpapier auf einen Kuchenrost ziehen und erkalten lassen. Anschließend mitgebackenes Backpapier abziehen und den Boden mit einem großen Sägemesser einmal waagerecht durchschneiden.

5. Für die Füllung Sahne mit Sahnesteif und Zucker steif schlagen. Rum kurz unterrühren.

6. Den unteren Boden auf eine Tortenplatte legen und mit der Rumcreme bestreichen. Den oberen Boden auflegen und leicht andrücken. Die Torte 2–3 Stunden in den Kühlschrank stellen.

7. Für den hellen Guss Puderzucker nach und nach mit so viel Rum verrühren, dass ein dickflüssiger Guss entsteht. Guss auf der Tortenoberfläche verstreichen, sodass der Guss in dicken Nasen etwas an den Seiten herunterläuft.

8. Für den dunklen Guss Puderzucker nach und nach mit Cola verrühren. Den Guss sofort mit einem kleinen Löffel auf den noch feuchten hellen Guss sprenkeln und etwas verstreichen, sodass ein Marmormuster entsteht. Die Torte sofort mit Colafläschchen garnieren und den Guss fest werden lassen.

Tipps:

Die Torte kann am Vortag zubereitet werden.
Für eine alkoholfreie Variante kann der Rum durch Zitronen- oder Limettensaft ersetzt werden.

Zutaten:

Zum Vorbereiten:
125 g Butter
1 Glas Pflaumen (Abtropfgewicht 385 g)

Für den Streuselteig:
200 g Weizenmehl
1 gestr. TL Dr. Oetker Backin
100 g Zucker
1 Pck. Dr. Oetker Vanillin-Zucker
1 Prise Salz

Für den Guss:
200 g Schmand (Sauerrahm)
1 Ei (Größe M)
1 Pck. Saucenpulver Vanille-Geschmack zum Kochen
50 g Zucker

E: 34 g, F: 163 g, Kh: 392 g,
kJ: 13423, kcal: 3206, BE: 32,5

Pflaumen-Streuseltorte

Ganz simpel

Zubereitungszeit: 15 Minuten
Backzeit: 45–50 Minuten

Zubereitung:

1. Zum Vorbereiten Butter bei schwacher Hitze in einem kleinen Topf zerlassen und kurz abkühlen lassen. Pflaumen auf einem Sieb gut abtropfen lassen. Den Boden einer Springform (Ø 26 cm) fetten und die Form zusammensetzen. Den Backofen vorheizen.
Ober-/Unterhitze: etwa 180 °C
Heißluft: etwa 160 °C

2. Mehl mit Backpulver in einer Rührschüssel gut vermischen. Zucker, Vanillin-Zucker, Salz und zerlassene Butter hinzufügen. Die Zutaten mit Handrührgerät mit Rührbesen zunächst kurz auf niedrigster, dann auf höchster Stufe kurz zu feinen Streuseln verarbeiten.

3. Etwa drei Viertel der Streusel in der vorbereiteten Springform verteilen und zu einem Boden andrücken. Pflaumen darauf verteilen.

4. Für den Guss Schmand mit Ei, Saucenpulver und Zucker mit einem Schneebesen verrühren. Guss auf die Pflaumen gießen und mit den restlichen Streuseln bestreuen.

5. Die Form im unteren Drittel auf dem Rost in den vorgeheizten Backofen schieben und die Torte **45–50 Minuten backen.**

6. Die Form auf einen Kuchenrost stellen. Die Torte etwa 10 Minuten abkühlen lassen, dann den Springformrand lösen und entfernen. Die Torte mit dem Springformboden auf dem Kuchenrost erkalten lassen. Dann die Torte vom Springformboden lösen und auf eine Tortenplatte legen.

Tipps:

Zusätzlich kann noch 1 Teelöffel gemahlener Zimt oder etwas geriebene Zitronenschale in den Teig gegeben werden.
Zum Rühren eine hohe Schüssel verwenden oder den Rand locker mit Küchenpapier bedecken, damit die Streusel nicht aus der Schüssel springen.
Für den Guss kann Schmand durch Crème fraîche oder saure Sahne ersetzt werden.

Variante 1:

Für eine **Apfel-Streuseltorte** anstelle der Pflaumen 3–4 Äpfel schälen, vierteln und das Kerngehäuse entfernen. Die Viertel nochmals längs durchschneiden.

Variante 2:

Für eine **Kirsch-Vollkorn-Streuseltorte** den Teig statt mit normalem Weizenmehl mit Vollkorn-Dinkelmehl zubereiten und anstelle der Pflaumen ein Glas Kirschen (Abtropfgewicht 350 g) verwenden.

Schnelle Käsetorte

Der Klassiker

Zubereitungszeit: 20 Minuten
Backzeit: etwa 60 Minuten

Zubereitung:

1. Eine Springform (Ø 26 cm) fetten und mit Semmelbröseln ausstreuen. Den Backofen vorheizen.
Ober-/Unterhitze: etwa 180 °C
Heißluft: etwa 160 °C

2. Butter mit Zucker und Vanillin-Zucker in einer großen Rührschüssel mit Handrührgerät mit Rührbesen aufschlagen, bis sich der Zucker aufgelöst hat und die Butter leicht weißlich wird. Nach und nach die Eier unterrühren (jedes Ei etwa ½ Minute).

3. Zitrone gründlich waschen und abtrocknen. Schale mit einer Küchenreibe abreiben und den Saft auspressen. Alles zusammen mit dem Quark zur Butter-Eier-Masse geben und verrühren. Pudding-Pulver mit Backpulver mischen, in die Masse geben und gut unterrühren.

4. Die Masse in die Form füllen und glatt streichen. Die Form im unteren Drittel auf dem Rost in den vorgeheizten Backofen schieben und die Torte **etwa 60 Minuten backen.**

5. Nach Beendigung der Backzeit den Backofen ausschalten und die Torte bei leicht geöffneter Ofentür darin stehen lassen – so reißt die Oberfläche kaum ein. Nach 30 Minuten die Form aus dem Backofen nehmen und die Torte in der Form auf einem Kuchenrost erkalten lassen. Anschließend Springformrand lösen und entfernen.

Zutaten:

Für die Form:
1 EL Semmelbrösel

200 g weiche Butter
250 g Zucker
1 Pck. Dr. Oetker Vanillin-Zucker
6 Eier (Größe M)
1 Bio-Zitrone (unbehandelt, ungewachst)
1 kg Magerquark
2 Pck. Dr. Oetker Pudding-Pulver Vanille-Geschmack
1 gestr. TL Dr. Oetker Backin

E: 175 g, F: 208 g, Kh: 367 g,
kJ: 17308, kcal: 4131, BE: 30,5

Tipps:

Anstelle von Saft und Schale einer Bio-Zitrone kann man auch 4 Esslöffel Zitronensaft und 1 Päckchen Finesse Geriebene Zitronenschale verwenden.
Wer es mag, kann 50 g Rosinen unter die Quarkmasse rühren.
Statt mit Semmelbröseln kann man die Form auch mit Mehl ausstreuen.
Bei älteren Backformen vor dem Einfüllen der Masse besser einen Backpapierrand in die Form legen, damit die Torte nicht nach Metall schmeckt.

Zum Mitnehmen

Zubereitungszeit: 25 Minuten,
ohne Abkühlzeit
Backzeit: etwa 35 Minuten

Mousse-au-Chocolat-Tarte

Zubereitung:

1. Den Boden einer Springform (Ø 26 cm) fetten und mit Backpapier belegen. Den Rand darumstellen und das Backpapier darin einspannen. Den Backofen vorheizen.
Ober-/Unterhitze: etwa 180 °C
Heißluft: etwa 160 °C

2. Für den Teig Schokolade in Stücke brechen und mit der Butter in einem Topf bei schwacher Hitze unter Rühren schmelzen. Schoko-Butter-Masse beiseitestellen und abkühlen lassen. Eiweiß mit Salz in einer Rührschüssel so steif schlagen, dass ein Messerschnitt sichtbar bleibt.

3. In einer anderen Rührschüssel Eigelb mit Zucker und Vanille-Zucker mit Handrührgerät mit Rührbesen weißschaumig rühren und die Schoko-Butter-Masse unterrühren. Eischnee unterheben. Mandeln mit Pudding-Pulver und Backpulver mischen und ebenfalls unterheben.

4. Den Teig in die Springform füllen und glatt streichen. Die Form im unteren Drittel auf dem Rost in den vorgeheizten Backofen schieben und die Tarte **etwa 35 Minuten backen.**

5. Die Tarte etwa 1 Stunde in der Form abkühlen lassen, dann den Springformrand lösen und entfernen. Die Tarte auf einen Kuchenrost setzen und völlig erkalten lassen. Vor dem Servieren die Tarte mit Kakaopulver bestäuben.

Zutaten:

Für den Rührteig:
200 g Zartbitter-Schokolade
150 g Butter
5 Eiweiß (Größe M)
1 Prise Salz
5 Eigelb (Größe M)
100 g Zucker
1 Pck. Dr. Oetker Bourbon-Vanille-Zucker
100 g abgezogene, gemahlene Mandeln
1 Pck. Gala Schokoladen-Pudding-Pulver
1 Msp. Dr. Oetker Backin

Zum Bestäuben:
1 EL Kakaopulver

E: 73 g, F: 280 g, Kh: 235 g,
kJ: 15691, kcal: 3745, BE: 19,5

Tipps:

Die Tarte einen Tag in Alufolie verpackt kalt stellen, so zieht sie besonders gut durch. Sie schmeckt weniger herb, wenn die Hälfte der Zartbitter-Schokolade durch Vollmilch-Schokolade ersetzt wird. Die Tarte nach Belieben mit steif geschlagener Sahne servieren.

Zutaten:

Für den All-in-Teig:
125 g Weizenmehl
2 gestr. TL Dr. Oetker Backin
125 g Zucker
1 Pck. Dr. Oetker Bourbon-Vanille-Zucker
150 g weiche Butter oder Margarine
4 Eier (Größe M)

Für den Bienenstichbelag:
75 g Butter
40 g Zucker
3 EL Schlagsahne (von der Sahne für die Füllung abnehmen)
1 TL Honig
100 g kernige Haferflocken oder gehobelte Mandeln

Für die Füllung:
1 Dose Mandarinen (Abtropfgewicht 175 g)
250 g Mascarpone (ital. Frischkäse)
200 g Schlagsahne
3 EL Zucker
1–2 EL Zitronensaft

E: 71 g, F: 404 g, Kh: 391 g,
kJ: 23248, kcal: 5552, BE: 32,5

Mandarinen-Bienenstich-Torte

Zubereitungszeit: 40 Minuten,
ohne Abkühlzeit
Backzeit: etwa 35 Minuten

Zubereitung:

1. Den Boden einer Springform (Ø 26 cm) fetten und die Form zusammensetzen. Den Backofen vorheizen.
Ober-/Unterhitze: etwa 180 °C
Heißluft: etwa 160 °C

2. Für den Teig Mehl mit Backpulver in einer Rührschüssel mischen. Restliche Zutaten hinzufügen und alles mit Handrührgerät mit Rührbesen erst kurz auf niedrigster, dann auf höchster Stufe in 2 Minuten zu einem glatten Teig verarbeiten.

3. Den Teig in die Springform geben und glatt streichen. Die Form im unteren Drittel auf dem Rost in den Backofen schieben und den Boden **etwa 20 Minuten vorbacken.**

4. Für den Bienenstichbelag inzwischen Butter mit Zucker, Sahne und Honig in einem kleinen Topf unter Rühren langsam erhitzen und aufkochen lassen. Haferflocken oder Mandeln unterrühren und die Masse etwas abkühlen lassen, dabei gelegentlich umrühren.

5. Die Form aus dem Backofen nehmen, den Belag in Klecksen auf dem vorgebackenen Boden verteilen und vorsichtig verstreichen. Die Form wieder auf dem Rost in den Backofen schieben und bei gleicher Backofeneinstellung in **etwa 15 Minuten fertig backen.**

6. Den Boden aus der Springform lösen und auf einem Kuchenrost erkalten lassen. Anschließend den Boden mit einem großen Sägemesser einmal waagerecht durchschneiden. Den oberen Bienenstichboden in 12 Stücke schneiden.

7. Für die Füllung Mandarinen in einem Sieb abtropfen lassen. Mascarpone mit Sahne und Zucker mit Handrührgerät mit Rührbesen steif schlagen. Die Mandarinen mit Zitronensaft kurz unterrühren, sodass einige dabei zerteilt werden. Die Creme auf dem unteren Boden glatt streichen. Die Stücke des Bienenstichbodens auflegen und leicht andrücken. Die Torte mindestens 1 Stunde in den Kühlschrank stellen.

Variante:

Für einen **schnellen Schoko-Bienenstich** zusätzlich 1 gehäuften Esslöffel Kakaopulver mit dem Mehl vermischen und den Boden mit Mandelbelag wie im Rezept zubereiten, backen und schneiden. Für die Füllung einfach 1 Päckchen Paradiescreme Schokolade (Dessertpulver) mit etwa 370 g Schlagsahne aufschlagen und die Mandarinen kurz unterrühren. Die Torte mit der Schokocreme füllen und in den Kühlschrank stellen.

Für Freunde

Apfel-Quiche mit Mandeln

Zubereitungszeit: 40 Minuten, ohne Auftauzeit
Backzeit: etwa 20 Minuten

Zubereitung:

1. Blätterteig nach Packungsanleitung auftauen lassen. Eine Springform (Ø 26 cm) fetten und mit kaltem Wasser besprenkeln. Die aufgetauten Platten aufeinanderlegen (nicht verkneten), zu einer Platte (Ø 32–34 cm) ausrollen und so in die angefeuchtete Springform legen, dass der Rand leicht überlappt. Rand etwas andrücken.

2. Den Backofen vorheizen.
Ober-/Unterhitze: etwa 200 °C
Heißluft: etwa 180 °C

3. Äpfel schälen, halbieren, Kerngehäuse herausschneiden und Äpfelhälften in dünne Scheiben schneiden. Den Blätterteig damit dachziegelartig belegen.

4. Sahne mit Eiern, Zucker, Zitronenschale und Vanille-Zucker verquirlen und über die ausgelegten Apfelscheiben gießen. Die Oberfläche mit Mandeln bestreuen. Die Form im unteren Drittel auf dem Rost in den vorgeheizten Backofen schieben und die Quiche **etwa 20 Minuten backen.**

5. Nach dem Backen die Quiche etwas abkühlen lassen, dann überhängenden Rand abschneiden. Torte vorsichtig aus der Form lösen, mit Puderzucker bestäuben und am besten lauwarm servieren.

Tipps:

Statt den Teig selbst auszurollen, kann man auch eine runde Platte Blätterteig kaufen (etwa 230 g, Durchmesser 32 cm), diese evtl. noch etwas nachrollen, dann einfach in die Form legen und etwas über den Rand hängen lassen.
Lecker schmeckt dazu eine Kugel Vanilleeis.

Zutaten:

½ Pck. (225 g) TK-Blätterteig
2 Äpfel (süß-sauer, z. B. Cox Orange)
125 g Schlagsahne
2 Eier (Größe M)
2 EL Zucker
1 Pck. Dr. Oetker Finesse Geriebene Zitronenschale
1 Pck. Dr. Oetker Bourbon-Vanille-Zucker
2–3 EL gehobelte Mandeln

1 EL Puderzucker

E: 36 g, F: 123 g, Kh: 151 g,
kJ: 7812, kcal: 1867, BE: 12,5

Zutaten:

Für den Boden:
70 g Popcorn, gesüßt
200 g Zartbitter-Schokolade

Für den Belag:
2 Pck. Mousse au Chocolat (Dessertpulver)
400 ml Milch

Zum Garnieren:
30 g Popcorn, gesüßt

E: 58 g, F: 104 g, Kh: 292 g,
kJ: 9817, kcal: 2333, BE: 24,5

Popcorn-Schoko-Torte

Für die Party

Zubereitungszeit: 20 Minuten, ohne Kühlzeit

Zubereitung:

1. Den Boden einer Springform (Ø 26 cm) mit Backpapier belegen, den Rand darumstellen und das Backpapier darin einspannen. Popcorn portionsweise mit einem Messer grob hacken und in die Springform geben.

2. Schokolade in Stücke brechen und in einem Topf im Wasserbad bei schwacher Hitze unter Rühren schmelzen. Etwa 3 Esslöffel davon zurücklassen, restliche Schokolade zu den Popcorn-Bröseln in die Form geben und alles gut vermischen.

3. Die Popcorn-Masse in der Springform verteilen und mit einem Löffel zu einem Boden andrücken. Die Form in den Kühlschrank stellen.

4. Für den Belag aus Dessertpulver und Milch nach Packungsanleitung, aber mit den hier angegebenen Mengen eine Creme zubereiten, auf den Popcorn-Boden geben und verstreichen.

5. Zum Garnieren Popcorn auf die Creme häufen und leicht andrücken. Beiseitegestellte Schokolade nochmals kurz erwärmen und mit einem kleinen Löffel über das Popcorn träufeln. Die Torte 2–3 Stunden kalt stellen.

Tipps:

Die Torte lässt sich am besten mit einem scharfen Sägemesser schneiden.
Der Schoko-Guss zum Beträufeln kann auch in einen kleinen Gefrierbeutel gefüllt werden, dann eine kleine Ecke abschneiden und den Guss über das Popcorn sprenkeln. Anstelle von Zartbitter-Schokolade kann auch Vollmilch-Schokolade verwendet werden. Schmeckt auch lecker: Einfach ein Päckchen Finesse Orangenschalen-Aroma unter die Mousse rühren.

Zum Mitnehmen

Partywürfel

Zubereitungszeit: 40 Minuten, ohne Kühlzeit

Zubereitung:

1. Die Mandeln in einer Pfanne ohne Fett leicht bräunen und auf einem Teller erkalten lassen. Den Boden einer Springform (Ø 26 cm) mit Backpapier belegen, den Rand darumstellen und das Backpapier darin einspannen. Die Hälfte der Mandeln gleichmäßig darin verstreuen.

2. Für den Pudding aus Pudding-Pulver, Zucker, Milch und Sahne nach Packungsanleitung, aber mit den hier angegebenen Zutaten einen Pudding zubereiten und ihn zugedeckt stehen lassen.

3. Die rote Grütze mit Zucker und Kirschnektar nach Packungsanleitung, aber mit den hier angegebenen Zutaten zubereiten und sie ebenfalls zugedeckt stehen lassen.

4. Die Hälfte des Zwiebacks auf die Mandeln in der Springform legen, dafür den Zwieback am Formrand mit einem Sägemesser in die passende Form schneiden. Die Hälfte des warmen Puddings darauf verstreichen. Die Hälfte der warmen roten Grütze esslöffelweise darauf verteilen und vorsichtig glatt streichen.

5. Restlichen Zwieback ebenfalls passend schneiden und auf der roten Grütze verteilen. Restlichen warmen Pudding daraufstreichen. Restliche warme rote Grütze vorsichtig darauf verteilen und verstreichen. Den Partykuchen mit Frischhaltefolie oder einem großen Teller bedecken und über Nacht kalt stellen.

6. Vor dem Servieren den Kuchen aus der Form lösen und mit den restlichen Mandeln bestreuen. Den Kuchen mit einem abgespülten Sägemesser in Würfel schneiden.

Zutaten:

60 g gehobelte Mandeln

Für den Pudding:
2 Pck. Dr. Oetker Pudding-Pulver Vanille-Geschmack
7–8 EL (etwa 100 g) Zucker
750 ml (¾ l) Milch
250 g Schlagsahne

Für die rote Grütze:
1 Pck. Dr. Oetker Rote Grütze Himbeer-Geschmack (Dessertpulver, ohne Sago)
1 EL Zucker
500 ml (½ l) Kirschnektar

1 Pck. (225 g) Zwieback

E: 64 g, F: 149 g, Kh: 486 g,
kJ: 14963, kcal: 3567, BE: 40,5

Der Klassiker

Frischkäsetorte

Zubereitungszeit: 30 Minuten, ohne Kühlzeit

Zutaten:

Für den Boden:
150 g Löffelbiskuits
120 g Butter oder Margarine

Für die Füllung:
1 Beutel aus 1 Pck. Dr. Oetker Götterspeise Zitronen-Geschmack
200 ml Wasser
200 g Doppelrahm-Frischkäse
125 g Zucker
1 Pck. Dr. Oetker Vanillin-Zucker
2 EL Zitronensaft
500 g Schlagsahne

Für den Belag:
30 g Löffelbiskuits

E: 69 g, F: 333 g, Kh: 282 g,
kJ: 18704, kcal: 4468, BE: 23,5

Zubereitung:

1. Einen geschlossenen Springformrand (Ø 26 cm) auf eine mit Tortenspitze oder Backpapier belegte Tortenplatte stellen.

2. Für den Boden Löffelbiskuits in einen Gefrierbeutel geben. Den Beutel fest verschließen und die Löffelbiskuits mit einer Teigrolle fein zerbröseln. Butter oder Margarine in einem Topf zerlassen. Die Brösel hinzufügen und gut verrühren. Die Masse in den Springformrand geben und mit einem Löffel gleichmäßig zu einem flachen Boden andrücken.

3. Für die Füllung Götterspeise mit Wasser anrühren, dann unter Rühren erhitzen (nicht kochen lassen), bis die Götterspeise gelöst ist, und abkühlen lassen.

4. Frischkäse mit Zucker, Vanillin-Zucker und Zitronensaft mit einem Schneebesen verrühren und die fast abgekühlte Götterspeise unterrühren. Masse in den Kühlschrank stellen. Wenn die Masse beginnt dicklich zu werden, Sahne steif schlagen und unterheben. Die Frischkäsemasse auf dem Löffelbiskuitboden verteilen und verstreichen. Die Torte etwa 3 Stunden in den Kühlschrank stellen.

5. Für den Belag Löffelbiskuits zerbröseln und auf den Rand der Tortenoberfläche streuen. Den Springformrand vorsichtig mit einem Messer lösen und entfernen. Die Torte bis zum Servieren in den Kühlschrank stellen.

Tipps:

Für andere Geschmacksrichtungen kann man statt Götterspeise Zitronen-Geschmack auch Götterspeise Himbeer- oder Waldmeister-Geschmack verwenden.
Statt mit Löffelbiskuits schmeckt der Boden auch mit der gleichen Menge zerbröselter Butterkekse.

Variante:

Für eine **Frischkäsetorte mit Knusperflakesboden** 200 g weiße Schokolade in Stücke brechen und in einem Topf im Wasserbad unter Rühren schmelzen. 150 g Dr. Oetker Knusperflakes in einem Gefrierbeutel etwas zerdrücken, mit der Schokolade verrühren und wie im Rezept angegeben zu einem Boden andrücken. Die Füllung wie im Rezept beschrieben zubereiten. Für den Belag 30 g Knusperflakes zerbröseln und kurz vor dem Servieren aufstreuen.

Erdbeerkuppel

Ganz einfach

Zubereitungszeit: 40 Minuten, ohne Kühlzeit

Zubereitung:

1. Für den Boden Löffelbiskuits in einen Gefrierbeutel geben, den Beutel verschließen, die Löffelbiskuits mit einer Teigrolle zerbröseln und in eine Schüssel geben. Butter zerlassen, zu den Bröseln geben und gut vermengen.

2. Einen geschlossenen Springformrand (Ø 26 cm) auf eine mit Tortenspitze oder Backpapier belegte Tortenplatte stellen. Die Bröselmasse gleichmäßig darin verteilen und mit einem Löffel gut andrücken. Den Boden kalt stellen.

3. Für die Füllung Erdbeeren waschen, gut abtropfen lassen, entstielen und vierteln (einige Erdbeeren zum Garnieren beiseitelegen). Löffelbiskuits mit Saft oder Likör beträufeln.

Zutaten:

Für den Boden:
150 g Löffelbiskuits
125 g Butter

Für die Füllung:
250 g kleine Erdbeeren
10 Löffelbiskuits (etwa 80 g)
3 EL Orangensaft oder Orangenlikör
400 g Doppelrahm-Frischkäse
300 g Joghurt
3 EL Zitronensaft
70 g Zucker
1 Pck. Tortenguss, klar
1 geh. EL Zucker
150 ml Orangensaft
250 g Schlagsahne
1 Pck. Dr. Oetker Sahnesteif

E: 89 g, F: 338 g, Kh: 356 g,
kJ: 20672, kcal: 4939, BE: 29,5

4. Frischkäse mit Joghurt, Zitronensaft und Zucker verrühren. Tortengusspulver mit Zucker mischen und mit Orangensaft in einem kleinen Topf unter Rühren aufkochen lassen. Die heiße Masse schnell mit Handrührgerät mit Rührbesen unter die Frischkäsemasse rühren.

5. Sahne mit Sahnesteif steif schlagen und unter die Frischkäsemasse heben. Ein Drittel der Creme auf dem Boden verstreichen, mit den getränkten Löffelbiskuits belegen und gut die Hälfte der Erdbeerstücke darüberstreuen. Restliche Creme leicht kuppelförmig daraufstreichen und mit den restlichen Erdbeerstücken bestreuen. Die Torte 2–3 Stunden in den Kühlschrank stellen.

6. Zum Garnieren Springformrand lösen und entfernen und evtl. Backpapier vom Bröselboden lösen und entfernen. Die Torte mit den beiseitegelegten Erdbeeren garnieren.

Tipps:

Die Torte zusätzlich kurz vor dem Servieren mit einigen grob zerbröselten Löffelbiskuits garnieren. Statt der Erdbeeren können auch Himbeeren, Heidelbeeren oder Nektarinen verwendet werden.

Der Party-Klassiker
Kalter Hund

Zubereitungszeit: 45 Minuten, ohne Kühlzeit

Zubereitung:

1. Eine Kastenform (25 x 11 cm) mit einem großen aufgeschnittenen Gefrierbeutel auslegen.

2. Für die Schokoladencreme beide Kuvertüren grob hacken, Kokosfett in Stücke schneiden. Sahne in einem Topf erwärmen und die Kuvertüren und das Kokosfett darin unter Rühren schmelzen. Die Masse gut verrühren und Vanillin-Zucker unterrühren.

3. Etwa 2 Esslöffel Creme in der vorbereiteten Kastenform verstreichen und mit einer Schicht Butterkeksen belegen, Kekse mit einem Sägemesser zurechtschneiden oder evtl. zerbrechen. Nun so viel Schokoladencreme auf der Keksschicht verteilen, dass diese bedeckt ist. Abwechselnd Schokoladencreme und Kekse in die Kastenform einschichten (7–8 Schichten).

4. Die Kastenform etwa 5 Stunden in den Kühlschrank stellen (am besten über Nacht), damit die Creme fest wird.

5. Das Gebäck vorsichtig auf eine Platte stürzen. Gefrierbeutel vorsichtig abziehen und den Kalten Hund bis zum Servieren in den Kühlschrank stellen.

Zutaten:

Für die Schokoladencreme:
150 g Zartbitter-Kuvertüre
450 g Vollmilch-Kuvertüre
150 g Kokosfett (z. B. Palmin)
200 g Schlagsahne
2 Pck. Dr. Oetker Vanillin-Zucker

Außerdem:
etwa 250 g Butterkekse

E: 62 g, F: 470 g, Kh: 508 g,
kJ: 27193, kcal: 6529, BE: 42,5

Tipps:

Besonders lecker schmeckt die Schokoladencreme, wenn man 1 Päckchen Finesse Orangenschalen-Aroma oder 2 Portionspäckchen (je 2 g) Instant-Espresso-Pulver unterrührt. Damit der Gefrierbeutel beim Einschichten nicht wegrutschen kann, die Form einfach etwas fetten und dann die Form mit dem Gefrierbeutel auslegen. Anstelle des Gefrierbeutels kann man auch Frischhaltefolie verwenden. Funktioniert auch mit Schokolade statt Kuvertüre.

Beliebt

Hobbits-Milchreis-Torte

Zubereitungszeit: 40 Minuten, ohne Kühlzeit

Zutaten:

Für den Keksboden:
150 g Hobbits kernig
(Hafer-Mürbekekse von Bahlsen)
100 g Butter

Für die Füllung:
1 Glas Sauerkirschen
(Abtropfgewicht 350 g)
4 Blatt weiße Gelatine
1 Pck. Süße Mahlzeit klassisch
(Milchreispulver)
500 ml (½ l) Milch
200 g Schlagsahne

Für den Guss:
250 ml (¼ l) Kirschsaft aus dem Glas
1 Pck. Tortenguss, rot oder klar
20 g Zucker

E: 48 g, F: 195 g, Kh: 354 g,
kJ: 14358, kcal: 3419, BE: 29,5

Zubereitung:

1. Für den Boden Haferkekse in einen Gefrierbeutel geben, ihn verschließen und die Kekse mit einer Teigrolle fein zerbröseln. Butter in einem Topf zerlassen und gut mit den Keksbröseln verrühren.

2. Einen geschlossenen Springformrand (Ø 26 cm) auf eine mit Tortenspitze oder Backpapier belegte Tortenplatte stellen. Die Bröselmasse darin verteilen, mit einem Löffel zu einem Boden andrücken und kalt stellen.

3. Für die Füllung Kirschen in einem Sieb abtropfen lassen, den Saft dabei auffangen. Gelatine nach Packungsanleitung einweichen. Milchreis mit Milch nach Packungsanleitung zubereiten, Gelatine leicht ausdrücken und im heißen Milchreis unter Rühren auflösen. Den Milchreis erkalten lassen, dabei gelegentlich umrühren.

4. Sahne steif schlagen und unter den erkalteten Milchreis heben. Erst die Hälfte der Reisfüllung auf dem Boden verteilen und mit den Kirschen belegen, dann die übrige Füllung daraufgeben und glatt streichen. Torte etwa 1 Stunde in den Kühlschrank stellen.

5. Für den Guss 250 ml (¼ l) Saft abmessen. Tortenguss mit den hier angegebenen Zutaten nach Packungsanleitung zubereiten, vorsichtig auf die Torte gießen und die Torte nochmals etwa 2 Stunden in den Kühlschrank stellen. Anschließend den Springformrand mit einem Messer lösen und entfernen.

Tipp:

Die Torte nach Belieben mit einigen Keksbröseln garnieren.

Cashew-Schoko-Cookies

Mal anders

Zubereitungszeit: 30 Minuten
Backzeit: etwa 15 Minuten je Backblech

Zubereitung:

1. Cashewkerne hacken und 1–2 Esslöffel davon zum Bestreuen beiseitestellen. 120 g von der Schokolade und die Pfefferbeeren ebenfalls portionsweise hacken. Restliche Schokolade in Stücke brechen und in einem Topf im Wasserbad bei schwacher Hitze unter Rühren schmelzen. Schokolade abkühlen lassen.

2. Ein Backblech fetten und mit Backpapier belegen. Wenn nur ein Backblech vorhanden ist, ein zweites Stück Backpapier in der Größe des Backblechs bereitlegen und evtl. mit etwas Fett auf der Arbeitsfläche „ankleben". Den Backofen vorheizen.
Ober-/Unterhitze: etwa 180 °C
Heißluft: etwa 160 °C

3. Butter oder Margarine mit Handrührgerät mit Rührbesen auf höchster Stufe geschmeidig rühren. Nach und nach Zucker unterrühren. So lange rühren, bis eine gebundene Masse entstanden ist. Das Ei etwa ½ Minute unterrühren. Geschmolzene Schokolade kurz unterrühren.

4. Mehl mit Backpulver mischen und in 2 Portionen auf mittlerer Stufe kurz unterrühren. Zuletzt die gehackten Zutaten dazugeben und kurz unterrühren.

5. Den Teig mit zwei Teelöffeln in etwa 60 walnussgroßen Häufchen mit etwas Abstand auf das Backblech und das zweite Stück Backpapier setzen. Die Häufchen mit den beiseitegestellten Cashewkernen bestreuen. Das Backblech mit der ersten Portion Cookies in den vorgeheizten Backofen schieben und die Cookies **etwa 15 Minuten backen.**

6. Das Backpapier mit den Cookies vom Backblech auf einen Kuchenrost ziehen und die zweite Portion Cookies backen. Die Cookies erkalten lassen.

Tipp:

Die rosa Pfefferbeeren können ersatzlos weggelassen werden.

Variante:

Für **Erdnuss-Schoko-Cookies** die gesalzenen Cashewkerne durch gesalzene Erdnusskerne ersetzen.

Zutaten:

Für den Rührteig:
100 g geröstete, gesalzene Cashewkerne
200 g Zartbitter-Schokolade
1–2 TL rosa Pfefferbeeren
200 g Butter oder Margarine
120 g Zucker
1 Ei (Größe M)
200 g Weizenmehl
1 gestr. TL Dr. Oetker Backin

E: 57 g, F: 287 g, Kh: 376 g, kJ: 18127, kcal: 4331, BE: 31

Schnell

Marzipan-Sesam-Streifen

Zubereitungszeit: 20 Minuten
Backzeit: 12–15 Minuten

Zutaten:

Für den Rührteig:
200 g Marzipan-Rohmasse
200 g weiche Butter
50 g Zucker
1 Prise Salz
1 Pck. Dr. Oetker Bourbon-Vanille-Zucker
1 Eigelb (Größe M)
200 g Weizenmehl
½ gestr. TL Dr. Oetker Backin

Für den Belag:
1 Eiweiß (Größe M)
100 g geschälte Sesamsamen
40 g brauner Zucker (Kandisfarin)

E: 69 g, F: 303 g, Kh: 324 g,
kJ: 18046, kcal: 4313, BE: 27,0

Zubereitung:

1. Für den Teig Marzipan auf der Haushaltsreibe raspeln oder fein schneiden. Ein Backblech (30 x 40 cm) fetten. Den Backofen vorheizen.
Ober-/Unterhitze: etwa 200 °C
Heißluft: etwa 180 °C

2. Butter und Marzipan mit Handrührgerät mit Rührbesen auf höchster Stufe geschmeidig rühren. Nach und nach Zucker, Salz und Vanille-Zucker unterrühren. So lange rühren, bis eine gebundene Masse entstanden ist. Eigelb unterrühren.

3. Mehl mit Backpulver mischen und in 2 Portionen auf mittlerer Stufe kurz unterrühren. Den Teig auf dem Backblech verteilen und gleichmäßig mit einer Teigkarte verstreichen. Eiweiß mit einer Gabel verschlagen und mit einem Backpinsel auf den Teig streichen.

4. Nacheinander Sesamsamen und Zucker auf den Teig streuen. Das Backblech in den vorgeheizten Backofen schieben und den Teig **12–15 Minuten backen.**

5. Die heiße Gebäckplatte sofort nach dem Backen in Streifen (etwa 3 x 5 cm) schneiden. Das Backblech auf einen Kuchenrost stellen. Die Marzipan-Sesam-Streifen auf dem Backblech erkalten lassen.

Tipps:

Die Stangen sind in gut schließenden Dosen verpackt 2–3 Wochen haltbar.
Sesamsamen gibt es meist in 250-g-Packungen. Restliche Sesamsamen können gut für asiatische Gerichte verwendet werden.
Auch gut zur Resteverwertung – **Sesam-Lollis:** Für etwa 20 Stück 50 g flüssigen Honig mit 140 g Zucker und 40 g Aprikosenkonfitüre in einen Edelstahltopf geben, zum Kochen bringen und bei schwacher Hitze etwa 5 Minuten köcheln lassen, dabei gelegentlich umrühren (die Masse soll goldgelb sein). Dann 50 g Sesamsamen dazugeben und gut verrühren. Etwa 1 Teelöffel von der heißen Masse auf Backpapier geben und mit Hilfe des Löffels zu einem Kreis von etwa 6 cm Durchmesser ausstreichen. Sofort einen Holzspieß in die Masse drücken, sodass ein Lolli entsteht. Mit der restlichen Sesammasse so weiter verfahren, bis sie aufgebraucht ist. Sollte die Masse zu hart geworden sein, sie wieder kurz aufwärmen. Die Lollis vollständig erkalten lassen und anschließend vorsichtig vom Backpapier lösen. Die Unterseite der Sesam-Lollis kann mit aufgelöster Zartbitter-Schokolade (etwa 30 g) bestrichen werden. Die Lollis an einem trockenen Ort aufbewahren.

Zubereitungszeit: 30 Minuten
Backzeit: etwa 12 Minuten je Backblech

Beliebt
Haferflockenkekse

Zubereitung:

1. Für den Teig Butter oder Margarine in einer Rührschüssel mit Handrührgerät mit Rührbesen auf höchster Stufe geschmeidig rühren. Nach und nach braunen Zucker und Aroma unterrühren. So lange rühren, bis eine gebundene Masse entsteht. Das Ei etwa ½ Minute auf höchster Stufe unterrühren.

2. Haferflocken mit Mandeln, Backpulver und Zitronenschale mischen, zwei Drittel davon auf mittlerer Stufe unterrühren. Restliches Haferflocken-Mandel-Gemisch mit den Händen auf der leicht bemehlten Arbeitsfläche unterarbeiten.

3. Den Teig zu 2 Rollen von je etwa 15 cm Länge formen und in Frischhaltefolie gewickelt einige Stunden oder über Nacht in den Kühlschrank stellen.

4. Ein Backblech mit Backpapier belegen. Einen zweiten Bogen Backpapier vorbereiten. Den Backofen vorheizen.
Ober-/Unterhitze: etwa 180 °C
Heißluft: etwa 160 °C

5. Die Teigrollen in gut ½ cm dicke Scheiben schneiden, sodass die Rollen 50–60 Kekse ergeben. Kekse auf das Backblech und das vorbereitete Backpapier legen, evtl. etwas nachformen. Das Backblech auf mittlerer Einschubleiste in den vorgeheizten Backofen schieben. Die Kekse **etwa 12 Minuten backen.**

6. Die gebackenen Kekse mit Backpapier vom Backblech auf einen Kuchenrost ziehen. Die vorbereiteten Kekse mit dem Backpapier auf das Backblech ziehen und wie angegeben backen. Die Haferflockenkekse auf dem Kuchenrost erkalten lassen.

Tipps:

Das Rum-Aroma kann ersatzlos weggelassen werden.
Statt Finesse Geriebene Zitronenschale kann man auch Finesse Orangenschalen-Aroma verwenden.
Bei Heißluft und zwei vorhandenen Backblechen können zwei Backbleche gleichzeitig in den Backofen geschoben werden.
Die Haferflockenplätzchen nach Belieben mit geschmolzener Schokolade besprenkeln.

Aufbewahrungstipp:

Alle vom Backblech genommenen Kekse müssen auf einem Kuchenrost zunächst gut auskühlen. Erst wenn sie völlig erkaltet sind, können sie zur Aufbewahrung verpackt werden. Plätzchen müssen kühl und trocken, am besten in Dosen aufbewahrt werden.

Zutaten:

Für den Teig:
75 g weiche Butter oder Margarine
75 g brauner Zucker (Kandisfarin)
3–4 Tropfen Rum-Aroma (aus dem klassischen Röhrchen)
1 Ei (Größe M)
100 g zarte Haferflocken
75 g abgezogene, gemahlene Mandeln
½ gestr. TL Dr. Oetker Backin
½ Pck. Dr. Oetker Finesse Geriebene Zitronenschale

E: 35 g, F: 116 g, Kh: 149 g,
kJ: 7474, kcal: 1786, BE: 12,5

Zubereitung:

1. Aprikosen in sehr kleine Würfel schneiden und mit den Haferfleks in einer Schüssel gut vermischen. Schokolade in kleine Stücke brechen und mit Speiseöl in einem Topf im Wasserbad bei schwacher Hitze schmelzen lassen.

2. Die Aprikosen-Haferfleks-Mischung mit der Schokolade vermischen und auf eine mit Backpapier belegte Tortenplatte geben (Backpapier evtl. mit ein paar Tupfen flüssiger Schokolade festkleben). Die Masse mit einem großen glatten Messer zu einem Kreis (Ø etwa 30 cm) flach verstreichen.

3. Die runde Platte etwa 1 Stunde kalt stellen, bis die Schokolade fest geworden ist. Dann die Schokoplatte vom Backpapier lösen, in etwa 40 kleine Stücke brechen und gut verpackt kühl aufbewahren.

Zutaten:

100 g getrocknete Aprikosen
100 g knusprige Haferfleks (von Kölln)
200 g Zartbitter-Schokolade
1 TL Speiseöl, z. B. Sonnenblumenöl

E: 30 g, F: 75 g, Kh: 212 g,
kJ: 6980, kcal: 1662, BE: 17,5

Tipps:

Anstelle von Zartbitter-Schokolade kann auch Blockschokolade verwendet werden.
Die Knusperchen halten sich trocken gelagert etwa 10 Tage.

Variante:

Für **Cornflakes-Kirsch-Knusperchen** 100 g getrocknete, gesüßte Sauerkirschen hacken und mit 70 g Cornflakes in einer Schüssel mischen. 200 g weiße Schokolade hacken, wie im Rezept beschrieben mit 1 Teelöffel Speiseöl schmelzen und mit der Cornflakes-Kirsch-Mischung vermengen. Die Masse wie beschrieben auf einer mit Backpapier belegten Platte verstreichen, kalt stellen und in etwa 40 Stücke brechen.

Für die Party

Schoko-Hafer-Knusperchen

Zubereitungszeit: 20 Minuten, ohne Kühlzeit

Für Freunde

Schokowürfel mit Rum-Rosinen

Zubereitungszeit: 20 Minuten, ohne Kühlzeit

Zutaten:

1 Pck. (25 g) gehackte Pistazienkerne
100 g gehackte Mandeln oder Haselnusskerne
1 Pck. Dr. Oetker Bourbon-Vanille-Zucker
1 Pck. (125 g) Rum-Rosinen
150 g Vollmilch-Schokolade
50 g Zartbitter-Schokolade
1 TL weiche Butter

E: 43 g, F: 138 g, Kh: 181 g,
kJ: 9091, kcal: 2167, BE: 15,0

Zubereitung:

1. Zum Vorbereiten eine Kastenform (25 x 11 cm) leicht fetten und mit Backpapier oder Frischhaltefolie auslegen. Die Hälfte der Pistazienkerne in die Form streuen.

2. Mandeln oder Haselnusskerne in einer Pfanne ohne Fett goldbraun rösten und noch warm mit Vanille-Zucker und Rum-Rosinen in einer Schüssel mischen. Mischung erkalten lassen.

3. Vollmilch- und Zartbitter-Schokolade in Stücke brechen und in einem Topf im Wasserbad bei schwacher Hitze unter Rühren schmelzen.

4. Butter und geschmolzene Schokolade zur Mandel-Rosinen-Mischung geben. Die Zutaten gut vermengen, in die vorbereitete Form füllen und gleichmäßig darin verteilen. Die Form mehrfach auf der Arbeitsfläche aufklopfen, damit kleine Luftblasen entweichen können.

5. Restliche Pistazienkerne auf die Schokolade streuen. Die Form mindestens 1 Stunde kalt stellen, bis die Schokolade fest ist.

6. Die feste Schokoladenplatte mit dem Backpapier oder der Frischhaltefolie aus der Form heben und senkrecht halbieren. Jede Schokoladenhälfte in 16 Quadrate schneiden.

Tipp:

Die Schokowürfel in einer gut schließenden Dose kühl und trocken aufbewahren. So halten sie etwa 10 Tage.

Zutaten:

200 g Marzipan-Rohmasse
75 g Getränkepulver Erdbeer-Geschmack (für Milch-Mix-Getränke)
etwa 2 EL Erdbeerkonfitüre
50 g gehackte Mandeln
100 g weiße Schokolade
5 g Kokosfett (z. B. Palmin)

E: 39 g, F: 133 g, Kh: 250 g,
kJ: 9828, kcal: 2344, BE: 21,0

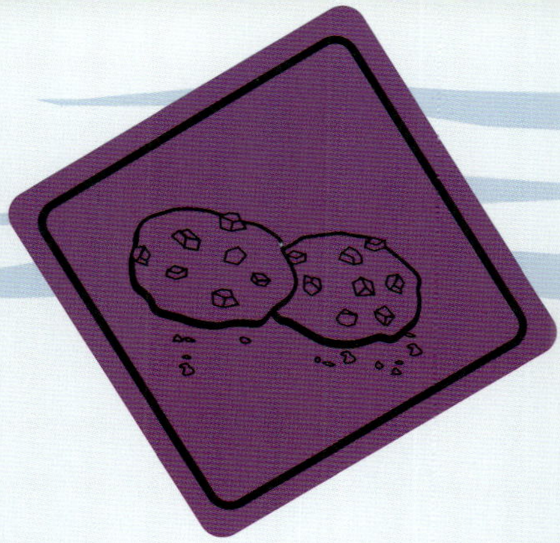

Simpel Erdbeerpralinen

Zubereitungszeit: 30 Minuten

Tipps:

Die Erdbeermarzipanmasse kann nach Belieben mit etwas roter Speisefarbe eingefärbt werden.
Die Rollen lassen sich am besten schneiden, wenn sie gut durchgekühlt sind.
Die Pralinen halten sich kühl und trocken gelagert etwa 14 Tage.

Zubereitung:

1. Marzipan gut mit dem Getränkepulver verkneten. Die Marzipanmasse halbieren und daraus 2 Rollen von je etwa 30 cm Länge formen. Konfitüre durch ein Sieb streichen und die Rollen damit bestreichen.

2. Mandeln auf Backpapier verteilen, die Marzipanrollen daraufgeben und die Mandeln fest einrollen.

3. Schokolade in Stücke brechen, mit Kokosfett in einem kleinen Topf im Wasserbad bei schwacher Hitze unter Rühren schmelzen und abkühlen lassen.

4. Die obere Seite der Marzipanrollen mit der Hälfte der Schokolade bestreichen, kalt stellen und fest werden lassen. Dann die Rollen wenden und die Unterseite mit der restlichen Schokolade bestreichen und Schokolade fest werden lassen.

5. Die Rollen mit einem scharfen Messer in etwa 1 cm dicke Scheiben schneiden, so dass etwa 60 Pralinen entstehen. Die Pralinen gut verpackt kühl aufbewahren.

Variante:

Für **Bananenpralinen** anstelle von Getränkepulver Erdbeer-Geschmack Bananen-Geschmack verwenden, Rollen statt mit Erdbeerkonfitüre mit Aprikosenkonfitüre bestreichen und anstelle von weißer Schokolade Vollmilch-Schokolade verwenden.

Kräuter-Flammkuchen

Für Freunde

Zubereitungszeit:
20 Minuten, ohne Ruhezeit
Backzeit: 12–15 Minuten

Zutaten:

Für den Teig:
250 g Weizenmehl
150 ml Weizenbier
1 TL Salz
1 Msp. Zucker
1 EL Speiseöl, z. B. Olivenöl, Rapsöl

Für den Belag:
1 Bund gemischte Kräuter (z. B. Schnittlauch, Petersilie, Kerbel, Dill, Basilikum)
200 g Cocktailtomaten
1 Becher (150 g) Crème fraîche
Salz
frisch gemahlener Pfeffer

E: 32 g, F: 58 g, Kh: 203 g,
kJ: 6343, kcal: 1522, BE: 16,5

Zubereitung:

1. Das Backblech mit Backpapier belegen. Den Backofen vorheizen.
Ober-/Unterhitze: etwa 240 °C
Heißluft: etwa 220 °C

2. Für den Teig Mehl in eine Rührschüssel geben. Übrige Zutaten hinzufügen. Die Zutaten mit Handrührgerät mit Knethaken erst kurz auf niedrigster, dann auf höchster Stufe zu einem Teig verarbeiten.

3. Den Teig auf der leicht bemehlten Arbeitsfläche dünn zu einem großen Oval (etwa in Größe des Backblechs) ausrollen. Teig auf das Backblech legen und zugedeckt etwa 10 Minuten ruhen lassen.

4. Teig mehrfach mit einer Gabel einstechen. Das Backblech im unteren Drittel in den vorgeheizten Backofen schieben und den Flammkuchen **12–15 Minuten** backen, bis die Oberfläche goldbraun und knusprig ist.

5. Für den Belag inzwischen Kräuter abspülen und trocken tupfen. Die Spitzen bzw. Blättchen von den Stängeln zupfen. Tomaten abspülen, abtrocknen, halbieren und die Stängelansätze herausschneiden. Tomaten nach Belieben in Scheiben oder Viertel schneiden.

6. Den Flammkuchen vom Backblech nehmen und noch warm zügig mit Crème fraîche bestreichen. Vorbereitete Kräuter und Tomatenhälften oder -scheiben darauf verteilen und mit Salz und Pfeffer bestreuen.

7. Flammkuchen sofort mit einem scharfen Messer in Streifen schneiden und lauwarm servieren.

Tipps:

Schneller geht's, wenn man statt der Kräuter und Crème fraîche einfach Kräuter-Crème fraîche verwendet. Zusätzlich abgezogene, halbierte Knoblauchzehen und rote Zwiebelringe auf den Flammkuchen legen. Die im Weizenbier enthaltene Hefe und die Kohlensäure bewirken das Aufgehen des Flammkuchenteiges.

Variante:

Für einen **Tunfisch-Flammkuchen** 100 g Crème fraîche mit 1–2 Esslöffeln körnigem Senf und 1 Esslöffel Schnittlauchröllchen verrühren und salzen. 1 Dose Tunfisch naturell (Abtropfgewicht 145 g) abtropfen lassen und in Stücke teilen. 100 g Gurkensalat (aus dem Glas) gut abtropfen lassen. Nacheinander die Crème-fraîche-Mischung, Gurkensalat und Tunfisch auf dem Flammkuchen verteilen und mit Schnittlauchröllchen und Pfeffer bestreuen.

Für die Party

Käse-Schinken-Hörnchen

Zubereitungszeit:
30 Minuten
Backzeit:
etwa 25 Minuten

Zutaten:

Für den Quark-Öl-Teig:
250 g Weizenmehl
3 gestr. TL Dr. Oetker Backin
125 g Magerquark
50 ml Milch
50 ml Speiseöl,
z. B. Sonnenblumenöl
1 Eiweiß (Größe M)
½ gestr. TL Salz

Für die Füllung:
100 g gekochter Schinken
in Scheiben
100 g geriebener Gouda-Käse

Zum Bestreichen und Bestreuen:
1 Eigelb (Größe M)
1 EL Milch
grob gemahlener Pfeffer
Sesamsamen

E: 99 g, F: 98 g, Kh: 203 g,
kJ: 8847, kcal: 2114, BE: 17,0

Zubereitung:

1. Für den Teig Mehl mit Backpulver in einer Rührschüssel mischen. Übrige Zutaten für den Teig hinzufügen und alles mit Handrührgerät mit Knethaken erst kurz auf niedrigster, dann auf höchster Stufe zu einem glatten Teig verarbeiten (nicht zu lange kneten, Teig klebt sonst).

2. Anschließend den Teig auf der bemehlten Arbeitsfläche zu einer Kugel formen. Die Teigkugel auf der bemehlten Arbeitsfläche zu einem Kreis (Ø etwa 35 cm) ausrollen und in 8 „Tortenstücke" schneiden.

3. Das Backblech mit Backpapier belegen.
Den Backofen vorheizen.
Ober-/Unterhitze: etwa 180 °C
Heißluft: etwa 160 °C

4. Schinken in kleine, feine Streifen scheiden und gleichmäßig auf den Teigstücken verteilen. Käse ebenfalls gleichmäßig daraufstreuen. Die Füllung leicht andrücken. Die Teigstücke von der schmalen Seite aus zu Hörnchen aufrollen und auf das Backblech legen.

5. Eigelb mit Milch verrühren, die Hörnchen damit bestreichen und mit Pfeffer und Sesam bestreuen. Das Backblech auf mittlerer Einschubleiste in den vorgeheizten Backofen schieben und die Hörnchen **etwa 25 Minuten backen.**

Tipp:

Grob gemahlener Pfeffer und Sesamsamen zum Bestreuen können ersatzlos weggelassen werden.

Variante 1:

Für **Röllchen mit Hackfüllung** die Füllung wie folgt zubereiten: ½ Stange Porree (Lauch) putzen, waschen, gut abtropfen lassen und in feine Streifen schneiden. 100 g Champignons (aus dem Glas) gut abtropfen lassen und in dünne Scheiben schneiden. Beides mit 300 g Gehacktem (halb Rind-, halb Schweinefleisch) und 1 Esslöffel Speiseöl vermengen und mit Salz und Pfeffer würzen. Den Teig wie im Rezept zubereiten, zu einem Rechteck (etwa 40 x 30 cm) ausrollen und in 12 Quadrate (je etwa 10 x 10 cm) schneiden. Die Füllung auf den Quadraten verteilen, den Teig aufrollen, mit der Naht nach unten auf ein mit Backpapier belegtes Backblech legen. 1 Eigelb mit 1 Esslöffel Milch verrühren, die Teigröllchen mit der Eigelbmilch bestreichen. Die Röllchen bei der im Rezept angegebenen Backofeneinstellung etwa 25 Minuten backen.

Variante 2:

Für **Gemüseröllchen** die Enden von 1 Zucchini (etwa 150 g) abschneiden. Zucchini abspülen, abtrocknen und fein würfeln. 1 Zwiebel abziehen, fein würfeln und in 1 Esslöffel Speiseöl glasig dünsten. Zucchiniwürfel hinzufügen, mitdünsten und mit Salz und Pfeffer würzen. 150 g Appenzeller Käse fein würfeln, mit der Zucchinimasse vermengen und die Masse abkühlen lassen. Den Teig wie im Rezept zubereiten, zu einem Rechteck (etwa 40 x 30 cm) ausrollen und in Rechtecke (etwa 15 x 10 cm) schneiden. Die Füllung auf den Rechtecken verteilen, den Teig von der kurzen Seite aus aufrollen und mit der Naht nach unten auf ein mit Backpapier belegtes Backblech legen. 1 Eigelb mit 1 Esslöffel Milch verrühren. Die Teigröllchen mit Eigelbmilch bestreichen und mit Sesamsamen bestreuen. Die Röllchen bei der im Rezept angegebenen Backofeneinstellung etwa 25 Minuten backen.

Variante 3:

Für **schnelle Käse-Schinken-Päckchen** 1 Packung ausgerollten Blätterteig (275 g, aus dem Kühlregal) in 8 Rechtecke (etwa 10 x 12 cm) schneiden. Auf eine Hälfte jedes Rechtecks eine Portion der im Rezept angegebenen Schinken-Käse-Füllung geben. Die Teigränder rundherum mit Wasser bestreichen, die zweite Teighälfte über die Füllung legen und die Teigränder rundherum andrücken. Die Päckchen auf ein mit Backpapier belegtes Backblech legen, mit der im Rezept angegebenen Eigelb-Milch-Mischung bestreichen und mit Sesam und Pfeffer bestreuen. Die Päckchen bei der im Rezept angegebenen Backofeneinstellung etwa 20 Minuten backen.

Zum Mitnehmen
Salami-Oliven Kuchen

Zubereitungszeit: 35 Minuten
Backzeit: etwa 50 Minuten

Zubereitung:

1. Eine Kastenform (25 x 11 cm) fetten und mit Semmelbröseln oder Mehl ausstreuen. Den Backofen vorheizen.
Ober-/Unterhitze: etwa 180 °C
Heißluft: etwa 160 °C

2. Oliven in einem Sieb abtropfen lassen und in dünne Ringe schneiden. Salami in kurze, schmale Streifen schneiden.

3. Für den Teig Mehl mit Backpulver, Salz und Oregano oder Thymian in einer Rührschüssel mischen. Buttermilch, Eier und Olivenöl hinzufügen und mit Handrührgerät mit Rührbesen unterrühren. Olivenringe und drei Viertel der Salamistreifen mit einem Löffel unterrühren.

4. Den Teig in die Kastenform füllen, verstreichen und mit den restlichen Salamistreifen bestreuen. Die Form im unteren Drittel auf dem Rost in den vorgeheizten Backofen schieben und den Kuchen **etwa 50 Minuten backen.**

5. Die Form auf einen Kuchenrost stellen. Den Kuchen etwa 10 Minuten in der Form stehen lassen, dann auf einen mit Backpapier belegten Kuchenrost stürzen. Den Kuchen umdrehen und erkalten lassen.

Tipp:

Der Salami-Oliven-Kuchen schmeckt frisch am besten.

Zutaten:

70 g schwarze Oliven ohne Stein (aus dem Glas)
150 g Salami in dünnen Scheiben

Zum Vorbereiten:
Semmelbrösel oder Mehl

Für den Teig:
200 g Weizenmehl
3 gestr. TL Dr. Oetker Backin
1 gestr. TL Salz
1 TL gerebelter Oregano oder Thymian
150 ml Buttermilch
3 Eier (Größe M)
100 ml Olivenöl

E: 78 g, F: 198 g, Kh: 172 g, kJ: 11621, kcal: 2775, BE: 14,0

Beliebt

Tomaten-Mozzarella-Muffins

Zubereitungszeit: 35 Minuten
Backzeit: etwa 25 Minuten

Zutaten:

Für den Teig:
125 g Mozzarella-Käse
75 g getrocknete Tomaten in Öl
250 g Weizenmehl
3 gestr. TL Dr. Oetker Backin
½ gestr. TL Salz
3 Eier (Größe M)
125 ml (⅛ l) Buttermilch
75 ml Olivenöl
1 EL gehackte Basilikumblättchen

Außerdem:
12 Papierbackförmchen

E: 80 g, F: 126 g, Kh: 204 g,
kJ: 9571, kcal: 2288; BE: 17,0

Zubereitung:

1. Eine Muffinform für 12 Muffins mit Papierbackförmchen auslegen. Mozzarella und die Tomaten gut abtropfen lassen und fein würfeln. Einige Mozzarellawürfel zum Bestreuen beiseitelegen.

2. Den Backofen vorheizen.
Ober-/Unterhitze: etwa 180 °C
Heißluft: etwa 160 °C

3. Mehl mit Backpulver und Salz in einer Rührschüssel mischen. Eier, Buttermilch und Öl hinzufügen und alles mit Handrührgerät mit Rührbesen zu einem Teig verarbeiten. Basilikum, Mozzarella- und Tomatenwürfel unterheben.

4. Den Teig gleichmäßig in den Papierbackförmchen in der Muffinform verteilen. Beiseitegelegte Mozzarellawürfel darüberstreuen. Die Muffinform auf mittlerer Einschubleiste auf dem Rost in den vorgeheizten Backofen schieben und die Muffins **etwa 25 Minuten backen.**

5. Nach dem Backen die Muffins etwa 5 Minuten in der Form stehen lassen, dann aus der Form nehmen und lauwarm servieren.

Tipp:

Die Muffins können auch tiefgefroren werden. Dann vor dem Verzehr 2 Stunden auftauen lassen und 5 Minuten bei 180 °C aufbacken.

Variante:

Für **Käse-Muffins mit Kräutern** den Teig wie im Rezept mit Mehl, Salz, Eiern, Buttermilch und Öl, aber ohne Mozzarella, Tomaten und Basilikum zubereiten. Zuletzt 1 gestrichenen Teelöffel Paprikapulver, 200 g geriebenen Emmentaler Käse und 1 Esslöffel TK-Kräuter (Petersilie oder Schnittlauch) unterrühren. Den Teig gleichmäßig in einer gefetteten, gemehlten Muffinform verteilen (keine Papierbackförmchen verwenden – Käse klebt sonst daran). Die Muffins wie im Rezept etwa 25 Minuten backen. Anschließend die Muffins 5 Minuten in der Form stehen lassen, dann daraus lösen und lauwarm servieren.

Zubereitung:

1. Für den Belag Zwiebeln abziehen, halbieren und in Scheiben schneiden. Knoblauch abziehen und fein hacken. Paprika putzen, vierteln, entkernen und die weißen Scheidewände entfernen. Viertel abspülen, abtropfen lassen und quer in etwa 1 cm breite Streifen schneiden.

2. Olivenöl in einem großen, breiten Topf erhitzen und Zwiebeln und Knoblauch darin unter Rühren etwa 5 Minuten dünsten. Paprika und Thymian dazugeben, im geschlossenen Topf 5–8 Minuten dünsten und mit Salz, Pfeffer und Paprikapulver würzen. Die Mischung etwa 20 Minuten abkühlen lassen.

3. Für den Teig inzwischen Mehl mit Hefeteig Garant, Honig, Salz, Speiseöl und Wasser in eine Rührschüssel geben. Die Zutaten mit Handrührgerät mit Knethaken zunächst auf niedrigster, dann auf höchster Stufe in 2 Minuten zu einem glatten Teig verarbeiten.

4. Ein Backblech fetten. Den Backofen vorheizen.
Ober-/Unterhitze: etwa 200 °C
Heißluft: etwa 180 °C

5. Den Teig und die Arbeitsfläche mit Mehl bestäuben. Den Teig auf der Arbeitsfläche kurz zu einer Rolle verkneten, auf dem Backblech ausrollen und an den Seiten etwas hochdrücken.

6. Für den Guss Sahne mit Eiern verquirlen, unter die Gemüsemasse rühren und die Mischung nochmals mit Salz, Pfeffer und Paprikapulver abschmecken. Den Belag auf dem Teig verteilen und verstreichen.

7. Die Kürbiskerne auf den Belag streuen. Das Backblech auf mittlerer Einschubleiste in den vorgeheizten Backofen schieben und den Kuchen **etwa 40 Minuten backen.** Den Paprikakuchen heiß oder kalt servieren.

Variante:

Für einen **Süßkartoffelkuchen mit roten Zwiebeln** einfach einen anderen Belag zubereiten. Dafür 700 g rote Zwiebeln abziehen und in feine Scheiben schneiden. 2 Knoblauchzehen abziehen und fein hacken. 2–3 Süßkartoffeln (800 g) schälen, abspülen, der Länge nach vierteln und quer in dünne Scheiben schneiden. 3 Esslöffel Speiseöl in einem großen, breiten Topf erhitzen und Zwiebeln und Knoblauch darin unter Rühren 2–3 Minuten dünsten. Ein Viertel der Zwiebeln herausnehmen und beiseitestellen. Süßkartoffeln und 1 Teelöffel gerebelten Thymian zu den restlichen Zwiebeln in den Topf geben, verrühren und zugedeckt etwa 5 Minuten dünsten. Die Kartoffeln sollten noch bissfest sein. Die Mischung mit Salz, Pfeffer und Cayennepfeffer würzen und 20 Minuten abkühlen lassen. Einige Stängel glatte Petersilie waschen, trocken tupfen, von den Stängeln zupfen, hacken und zum Gemüse geben. Den Teig wie im Rezept angegeben zubereiten, ausrollen und den Backofen vorheizen. Die Kartoffel-Zwiebel-Mischung nochmals mit den Gewürzen abschmecken und auf dem Teig verteilen. Den Sahne-Eier-Guss wie im Rezept zubereiten und auf dem Belag verteilen. Beiseitegestellte Zwiebeln darauf verteilen. Statt Kürbiskerne Sonnenblumenkerne daraufstreuen und den Kuchen wie im Rezept angegeben backen.

Bunter Paprikakuchen

Zubereitungszeit: 40 Minuten Backzeit: etwa 40 Minuten

Tipp:
Wer keinen großen, weiten Topf hat, kann Zwiebeln mit Knoblauch und Paprika in 2–3 Portionen je etwa 5 Minuten in einem kleineren Topf dünsten.

Zutaten:

Für den Belag:
200 g Zwiebeln
2 Knoblauchzehen
1,5 kg Paprikaschoten (rot, grün, gelb)
3 EL Olivenöl
2 TL gerebelter Thymian
Salz
frisch gemahlener Pfeffer
Paprikapulver rosenscharf

Für den Hefeteig:
375 g Weizenmehl
1 Pck. Dr. Oetker Hefeteig Garant
1 TL flüssiger Honig
1 gestr. TL Salz
4 EL Speiseöl, z. B. Olivenöl, Rapsöl
200 ml Wasser

Für den Guss:
250 g Schlagsahne
4 Eier (Größe M)
50 g Kürbiskerne

E: 104 g, F: 204 g, Kh: 373 g,
kJ: 16040, kcal: 3831, BE: 25,5

Zutaten:

1 Pck. TK-Blätterteig
(450 g, 6 rechteckige Platten)

Für den Belag:
1 Becher (150 g) Crème fraîche
1 Pck. Pfeffersauce
(Pulver für 250 ml (¼ l) Sauce)
100 g geräucherter
durchwachsener Speck

etwas Petersilie

E: 50 g, F: 187 g, Kh: 178 g,
kJ: 10782, kcal: 2583, BE: 15,0

Zubereitung:

1. Die Blätterteigplatten zugedeckt nebeneinander nach Packungsanleitung auftauen lassen. Ein Backblech mit Backpapier belegen. Einen zweiten Bogen Backpapier bereitlegen. Den Backofen vorheizen.
Ober-/Unterhitze: 180–200 °C
Heißluft: 160–180 °C

2. Die Blätterteigplatten jeweils quer in 3 Streifen schneiden und die Hälfte davon auf das Backblech legen. Die zweite Hälfte auf den Bogen Backpapier legen. Die Streifen mit einer Gabel mehrfach einstechen.

3. Für den Belag Crème fraîche mit dem Pfeffersaucenpulver glatt rühren, auf den Teigstücken verteilen und verstreichen.

4. Speck in feine Streifen schneiden und darauf verteilen. Das Backblech auf mittlerer Einschubleiste in den vorgeheizten Backofen schieben und die Flammküchle **12–15 Minuten backen.**

5. Die Flammküchle mit dem Backpapier vom Backblech auf einen Kuchenrost ziehen und etwas abkühlen lassen. Die vorbereiteten Teigstücke mit dem Backpapier auf das Backblech ziehen und ebenso backen.

6. Petersilie kalt abspülen und trocken tupfen. Die Blättchen von den Stängeln zupfen. Blättchen klein schneiden und die Flammküchle damit bestreuen.

Tipps:

Den Speck kann man fertig gewürfelt in 100 g-Päckchen kaufen. Die Flammküchle schmecken kalt und warm.

Variante:

Für **vegetarische Zucchini-Flammküchle** Blätterteig wie beschrieben vorbereiten. 200 g Zucchini waschen, abtrocknen und die Enden abschneiden. Zucchini auf der Haushaltsreibe grob raspeln und mit 30 g Sonnenblumenkernen und 1 Becher (150 g) Crème fraîche mischen. Die Mischung mit Salz, Pfeffer und Paprikapulver edelsüß würzen. Die Masse wie im Rezept beschrieben auf die Blätterteigstücke geben und mit 70 g geriebenem Emmentaler Käse (fertig gerieben aus dem Kühlregal) bestreuen. Die Küchle wie im Rezept beschrieben in den Backofen schieben und etwa 20 Minuten backen. Die Flammküchle vor dem Servieren nach Belieben mit etwas frischem Basilikum bestreuen.

Simpel

Schnelle Flammküchle

Zubereitungszeit: 20 Minuten, ohne Auftauzeit
Backzeit: 12–15 Minuten je Backblech

Der Klassiker
Einfaches Fladenbrot

Zubereitungszeit: 15 Minuten, ohne Ruhezeit
Backzeit: etwa 15 Minuten

Zubereitung:

1. Für den Teig Mehl mit Hefeteig Garant, Honig, Salz, Speiseöl und Wasser in eine Rührschüssel geben. Die Zutaten mit Handrührgerät mit Knethaken zunächst kurz auf niedrigster, dann auf höchster Stufe in 2 Minuten zu einem glatten Teig verarbeiten.

2. Den Teig und die Arbeitsfläche mit Mehl bestäuben. Den Teig auf der Arbeitsfläche kurz zu einer Rolle verkneten und zu einem ovalen Fladen (etwa 35 x 20 cm) ausrollen.

3. Ein Backblech mit Backpapier belegen. Den Backofen vorheizen.
Ober-/Unterhitze: etwa 220 °C
Heißluft: etwa 200 °C

4. Den Fladen auf das Backpapier legen. Fladen mit Wasser bestreichen, mit etwas Mehl bestäuben und mit einem scharfen Messer diagonal mehrfach leicht einritzen, sodass ein Rautenmuster entsteht. Den Teig zugedeckt etwa 10 Minuten ruhen lassen.

5. Das Backblech auf mittlerer Einschubleiste in den vorgeheizten Backofen schieben. Das Brot **etwa 15 Minuten backen.**

6. Anschließend das Brot auf einem Kuchenrost erkalten lassen.

Tipps:

Das Brot schmeckt frisch am besten.
Ideale Beilage auf Partys.

Variante 1:

Für ein **Fladenbrot mit getrockneten Tomaten** 50 g getrocknete, in Öl eingelegte Tomaten abtropfen lassen, hacken und zusätzlich unter den Teig kneten. Den Teig auf der bemehlten Arbeitsfläche zu einem ovalen Fladen (etwa 32 x 15 cm) ausrollen und auf ein mit Backpapier belegtes Backblech legen. Den Teigfladen mit Wasser bestreichen und mit Mehl bestäuben. Den Teig 10 Minuten ruhen lassen und anschließend wie im Rezept beschrieben backen. Die angegebene Menge Speiseöl kann beim Tomatenbrot durch Tomatenöl (von den eingelegten Tomaten) ersetzt werden.

Variante 2:

Für ein einfaches **Vollkorn-Kastenbrot mit Körnern** den Teig wie im Rezept aus 250 g Vollkorn-Dinkelmehl oder Vollkorn-Weizenmehl, 100 g Weizenmehl, 1 Päckchen Dr. Oetker Hefeteig Garant, 1 Teelöffel flüssigem Honig, 1 gestrichenen Teelöffel Salz, 50 g gemischten Körnern (z. B. Sonnenblumenkernen, Kürbiskernen, Leinsamen), 4 Esslöffeln Speiseöl und 200 ml Wasser zubereiten. Den Teig auf der bemehlten Arbeitsfläche kurz zu einer 25 cm langen Rolle verkneten. Eine Kastenform (25 x 11 cm) fetten und mehlen. Den Backofen vorheizen (Ober-/Unterhitze: etwa 200 °C/Heißluft: etwa 180 °C). Die Teigrolle in die Form legen, andrücken, mit Wasser bestreichen und mit Vollkornmehl bestäuben. Den Teig zugedeckt etwa 10 Minuten ruhen lassen. Die Form im unteren Drittel auf dem Rost in den vorgeheizten Backofen schieben und das Brot etwa 25 Minuten backen. Anschließend das Brot auf einen Kuchenrost stürzen, umdrehen und erkalten lassen.

Zutaten:

Für den Teig:
375 g Weizenmehl
1 Pck. Dr. Oetker Hefeteig Garant
1 TL flüssiger Honig
1 gestr. TL Salz
4 EL Speiseöl,
z. B. Olivenöl, Sonnenblumenöl
200 ml Wasser

E: 41 g, F: 44 g, Kh: 292 g,
kJ: 7489, kcal: 1789, 24,5

Kapitelregister

Echt großflächig – Blechkuchen

Nur nicht kleinlich – Muffins & Co.

Gar nicht förmlich – Kasten & Napfkuchen

Rund und bunt – Tartes & Torten

Coole Sache – Kalte Kuchen & Torten

Von der Hand in den Mund – Cookies & Sweets

Hunger war mal – Herzhaftes

Alphabetisches Register

Für Fragen, Vorschläge oder Anregungen steht Ihnen der Verbraucherservice der Dr. Oetker Versuchsküche
Telefon: +49 (0) 08 00 71 72 73 74 Mo.–Fr. 8:00–18:00 Uhr,
Sa. 9:00–15:00 Uhr (Gebührenfrei in Deutschland)
oder die Mitarbeiter des Dr. Oetker Verlages
Telefon: +49 (0) 5 21 52 06 42 Mo.–Fr. 9:00–15:00 Uhr
zur Verfügung.

Oder schreiben Sie uns:
Dr. Oetker Verlag KG, Am Bach 11, 33602 Bielefeld
oder besuchen Sie uns im Internet unter
www.oetker-verlag.de oder www.oetker.de.

Umwelthinweis: Dieses Buch und der Einband wurden auf chlorfrei gebleichtem Papier gedruckt. Die Einschrumpffolie – zum Schutz vor Verschmutzung – ist aus umweltfreundlichem und recyclingfähigem PE-Material.

Redaktion: Sabine Lüning

Innenfotos: Antje Plewinski, Berlin (S. 4/5, 7–9, 12–17, 20/21, 24/25, 32–37, 44/45, 48/49, 52–55, 58/59, 62/63, 74–77, 80/81, 86–89, 92/93)
Walter Cimbal, Hamburg (S. 90/91)
Fotostudio Diercks, Hamburg (S. 10/11, 18/19, 30/31, 38–43, 56/57, 60/61, 64/65, 72/73, 82–85)
Ulli Hartmann, Halle/Westf. (S. 22/23, 26–29, 46/47, 50/51, 66/67)
StockFood, München (S. 6)
Axel Struwe, Bielefeld (S. 78/79)
Winkler Studios, Bremen (S. 68–71)

Rezeptentwicklung und -beratung: Anke Rabeler, Berlin
Foodstyling: Anke Rabeler, Berlin

Nährwertberechnungen: Nutri Service, Hennef

Grafisches Konzept: kontur:design, Bielefeld
Gestaltung: kontur:design, Bielefeld
Titelgestaltung: kontur:design, Bielefeld

Satz: Typografika, Bielefeld
Reproduktionen: Mohn media Mohndruck GmbH, Gütersloh
Druck und Bindung: Mohn media Mohndruck GmbH, Gütersloh

Wir danken für die freundliche Unterstützung:
Bahlsen, Hannover
Coca-Cola, Berlin
Henkell & Söhnlein, Wiesbaden
Peter Kölln, Elmshorn

ISBN: 978-3-7670-0985-1